Nous reconnaissons l'aide financière du gouvernement du Canada par l'entremise du Programme d'aide au développement de l'industrie de l'édition (PADIE) pour nos activités d'édition.

Données de catalogage avant publication (Canada)

Beaudoin, Pauline
    Le récit de fiction: 15 textes à découvrir
    (Lecture guidée)
    Comprend des références bibliographiques.
    ISBN 2-920190-21-0
    1. Fiction, Théorie de la. 2. Analyse du discours narratif.
3. Lecture - Compréhension. I. Forget, Lucie, 1942-   .
II. Titre. III. Collection.

PN3355.B42 1993   809.3   C92-097357-4

Direction pédagogique: Michel Paquin et Roger Reny

Conception et montage: Michelle Danis et Vital Gadbois

Réviseur: Denis Hamelin

Page couverture
Eau-forte intitulée *S'endormir* réalisée par Jeannine Bourret, peintre-graveure
C.P. 132, Weedon (Québec) J0B 3J0 (819) 877-3144

Dépôt légal: 1er trimestre 1993
Bibliothèque nationale du Québec
Bibliothèque nationale du Canada
ISBN: 2-920190-21-0

IMPRIMÉ AU CANADA

Pauline Beaudoin et Lucie Forget

Le récit de fiction
15 textes à découvrir

Lecture guidée

Collection Griffon / La Lignée

les éditions
Le Griffon d'argile

TABLE DES MATIÈRES

AVANT-PROPOS

Inciter à une lecture active du récit de fiction, voilà l'objectif fondamental de ce livre. À travers différents types de récits, il vise, d'une part, la compréhension du texte narratif et, d'autre part, la découverte de la lecture comme plaisir sans cesse renouvelé.

Clefs pour le récit

Le récit de fiction offre au cégépien ou à l'amateur de fiction un éventail de textes brefs, de quinze auteurs reconnus. Plus qu'une anthologie, ce manuel propose une méthode simple et efficace de compréhension de texte. Il fournit également une grille d'analyse des composantes du genre narratif qui se présente sous forme de condensés théoriques et de questionnaires adaptés de manière spécifique à chacune des oeuvres étudiées. C'est donc à une lecture guidée que vous convie *Le récit de fiction. Quinze textes à découvrir.*

Suivez le guide

L'introduction présente la théorie de la compréhension de texte en trois étapes précises et détaillées: la lecture de survol, la lecture annotée et la lecture de synthèse. Suivent un tableau récapitulatif et une application de la théorie à un texte très court, «Le 410» de Gilles Vigneault. Les six composantes du discours narratif commandent ensuite la structure même du volume. Ainsi, les chapitres traitent, dans l'ordre, du personnage, de l'intrigue, du narrateur, du temps, de l'espace et du thème. Chacun débute par un rappel des principales notions théoriques, associées à la composante mise en vedette; il s'agit de courts résumés basés sur *La lecture du roman* de Michel Paquin et Roger Reny. Y succèdent des textes narratifs traités sous l'angle de la composante étudiée, puis apparaissent, à la fin du chapitre, des questions relatives à des travaux de recherche et de création; elles suggèrent plusieurs pistes d'études et divers sujets de composition. Quant aux récits, ils sont présentés, à tour de rôle, de la même façon: une brève introduction à l'auteur et à l'oeuvre précède chacun d'eux et la numérotation des lignes en facilite l'utilisation. En effet, dans le questionnaire, la référence au texte est indiquée par des chiffres: le premier désigne la page de référence; l'autre, la ligne. Enfin, l'exploitation du texte, sous forme de questions, se divise en deux grandes parties: la compréhension de texte, selon les étapes méthodologiques expliquées dans l'introduction, et l'approfondissement de la composante mise en relief dans le chapitre. Cette dernière relève toutefois davantage de la connaissance du genre narratif que de l'application de la méthode, servant d'outil d'investigation. En fin de parcours, le quinzième texte fournit une annotation plus élaborée de l'étude des composantes et met l'accent sur leurs interactions. De Gilles Vigneault à Romain Gary, peuvent ainsi se mesurer les progrès réalisés dans l'apprentissage de cette lecture méthodique du récit.

Choix des textes

Que dire du choix des auteurs proposés? Il s'agit, dans l'ensemble, de grands auteurs provenant d'horizons divers et de siècles différents parmi lesquels les écrivains québécois trouvent une place appréciable. Ainsi, de Boccace à Tchekhov, de Maupassant à Edgar Allan Poe, puis à Vigneault, ce voyage littéraire constitue en même temps un parcours de plusieurs contrées: Italie, France, Allemagne, Russie, États-Unis, Québec.

Outre sa diversité culturelle, cette sélection s'appuie sur des oeuvres de qualité qui illustrent bien quelques-unes des catégories du discours narratif bref. Conte merveilleux folklorique ou littéraire, conte moral ou philosophique, conte fantastique, récit réaliste et nouvelle, voilà autant de sous-genres qui s'éclairent et se distinguent à travers les oeuvres retenues dans cet ouvrage. Greffée à celle du roman, voici une courte définition de ces types de récits qui ont pour caractéristique commune la brièveté; elle permettra au lecteur de les distinguer les uns des autres. S'il le souhaite, il peut en approfondir la teneur en se référant aux ouvrages spécialisés.

Le roman

Le roman s'inscrit dans les récits de fiction. C'est une oeuvre complexe, d'une certaine longueur, qui raconte une histoire imaginée. Elle fait vivre une action à des personnages donnés comme réels qu'elle situe dans le temps et dans l'espace.[1]

La nouvelle

La nouvelle est «*un récit bref, rapide, dont les événements resserrés autour d'une action centrale, souvent singulière, mènent à une fin abrupte, parfois inattendue [...].*»[2] Pris dans un moment de crise, les personnages, peu nombreux, se caractérisent par quelques grands traits psychologiques.

Le récit réaliste

Le récit réaliste apparaît comme une variante plus contemporaine de la nouvelle. L'exigence de vraisemblance ici va «*jusqu'à la représentation de la banalité quotidienne*».[3] En conséquence, l'effet de surprise, caractéristique de la nouvelle, ne s'y retrouve pas. Parfois même, le souci de privilégier un événement y semble moins évident.

Le conte moral ou philosophique

Le conte moral renferme une leçon de vie, alors que le conte philosophique illustre une idée ou une réflexion à travers des symboles ou une histoire allégorique.

Le conte fantastique

Selon Todorov, «*le fantastique implique [...] l'existence d'un événement étrange qui provoque une hésitation chez le lecteur et le héros*».[4] Le fantastique pur maintient donc le lecteur dans l'indécision quant à une explication naturelle ou surnaturelle des événements évoqués. Si une solution rationnelle s'impose, le fantastique bascule alors dans l'étrange; par contre, s'il y a acceptation du surnaturel, le lecteur est plongé dans le fantastique-merveilleux. À l'opposé du conte merveilleux, on y trouve en général peu de personnages.

Le conte merveilleux

Le conte merveilleux situe d'emblée le lecteur dans le surnaturel (événements, personnages, objets magiques), sans que le héros entretienne le moindre doute sur ce qui lui arrive. «*On entre dans l'univers merveilleux comme dans un monde de pure fantaisie où tous les personnages et tous les lecteurs acceptent de suspendre leur scepticisme à l'égard d'un phénomène irrationnel.*»[5] Généralement, les personnages y sont nombreux, mais peu décrits.

On peut distinguer le conte merveilleux d'origine folklorique du conte merveilleux littéraire. Ce conte s'assimile à la légende. Issu de la tradition orale, il en existe souvent plusieurs versions.[6] Quant au conte merveilleux littéraire, il relève de l'imagination d'un auteur spécifique.

Considérations pédagogiques

Diverses considérations pédagogiques ont présidé au choix des textes. D'abord, ils devaient se prêter à l'analyse, non seulement de la composante mise en relief, mais aussi de certains aspects particuliers des principales composantes du récit de fiction. C'est le cas, entre autres, du traitement des notions dans le chapitre consacré au narrateur. En effet, les trois récits retenus illustrent certaines variantes dans le choix du point de vue de narration. Il en va de même pour la sélection des textes dans les chapitres sur le temps et l'espace. Quant au texte d'ouverture, «Le 410» de Gilles Vigneault, il réunit toutes les qualités d'un texte modèle pour introduire le lecteur à la méthode: l'accessibilité du vocabulaire, la brièveté en même temps que la densité. Au terme du cheminement, «Un humaniste» de Romain Gary présente, quant à lui, une remarquable unité qui rend plus immédiate la synthèse des différents éléments.

Enfin, l'utilisation des questionnaires d'exploitation suit un ordre de difficulté croissante. Au fur et à mesure que s'ajoute une composante, les questions se font plus précises, plus fouillées et offrent davantage de liens avec les autres aspects du récit. Il va de soi que la synthèse qui découle de ce travail d'analyse peut traiter de toutes les composantes et leur accorder une égale importance ou les aborder selon un ordre de priorité, suivant des consignes de lecture qui sont transmises.

Bref, nous souhaitons que ce volume constitue pour les jeunes adultes une initiation agréable et utile à la lecture active et à la littérature. Nous souhaitons qu'il serve également d'outil aux professeurs désireux de communiquer leur passion des beaux textes.

NOTES ET RÉFÉRENCES

1. Michel PAQUIN et Roger RENY, *La lecture du roman*, Beloeil, Éd. La Lignée, 1984, p. 24.

2. Vital GADBOIS, Michel PAQUIN et Roger RENY, *20 grands auteurs pour découvrir la nouvelle*, Beloeil, Éd. La Lignée, 1990, p. 13.

3. Michel LORD, «Les genres narratifs brefs, fragments d'univers», dans *Québec français*, n° 66, mai 1987, p. 30.

4. Tzvetan TODOROV, *Introduction à la littérature fantastique*, Paris, Seuil, coll. «Poétique», 1970, p. 70.

5. Michel LORD, *loc. cit.*, p. 32.

6. Marthe ROBERT, «Préface», dans Grimm, *Contes*, Paris, Gallimard, coll. «Folio», n° 840, 1976, pp. 7-24.

CHAPITRE 1

La compréhension de texte: une méthode

Combien d'heures par semaine consacrez-vous à la lecture? Cinq? Dix? Vingt? Vingt-cinq si vous êtes aux études? Quoi qu'il en soit, savez-vous comment tirer profit de ces heures précieuses ou bien, une fois le livre refermé, laissez-vous ces personnages, ces histoires et ces univers fabuleux sombrer peu à peu dans l'oubli?

Si vous connaissez une méthode efficace de compréhension de texte, vous savez déjà qu'elle rend les données d'un texte utilisables à court et à long termes. En effet, comprendre un texte, c'est plus que le lire en survol. C'est reconnaître et résoudre les difficultés qu'il présente afin de dégager une idée claire de son contenu. C'est aussi être capable de recueillir une documentation sur un sujet donné dans le but, soit de préparer un exposé, soit de rédiger un résumé, une dissertation ou une analyse littéraire. En somme, toute recherche méthodique, appliquée à un texte, se base sur l'échantillonnage et le traitement de données. C'est ce que propose cette méthode de compréhension basée sur le principe de la lecture active. Elle permettra une meilleure assimilation de vos lectures, générera des bénéfices scolaires et enrichira votre culture personnelle.

Démarche

La démarche que nous proposons pour favoriser une compréhension claire d'un texte s'accomplit en trois étapes: lecture de survol, lecture annotée et lecture de synthèse.

A. *Lecture de survol*

Cette première lecture s'ouvre sur la découverte du texte. Il s'agit de le lire simplement pour le plaisir et de prendre connaissance de son contenu.

1. Objectifs

Il faut viser ici à établir un contact avec le texte, à dégager les impressions premières que vous suggère cette lecture et à vous préparer à l'analyse de son contenu par l'étude du vocabulaire.

2. Consignes

a. Repérage des mots

Vous atteindrez ces objectifs en respectant le cheminement suivant. D'abord, lisez toujours crayon en main... et servez-vous-en. Au cours de votre lecture, soulignez tous les mots dont vous ne connaissez pas la signification.

b. Consultation du dictionnaire

Vérifiez-les ensuite dans un dictionnaire complet.[1] À ce stade-ci, il vaut mieux éviter les dictionnaires de poche. Si le texte contient des noms propres, des indications géographiques ou historiques, référez-vous aux ouvrages spécialisés.

c. Fiches de vocabulaire

Enfin, remplissez vos fiches de vocabulaire. Ces fiches constituent, en effet, un outil indispensable pour qui veut clarifier les points obscurs d'un texte et en même temps enrichir son propre vocabulaire. Cette opération pourra vous paraître bien fastidieuse (voilà peut-être un mot à chercher!), mais elle demeure inévitable. En effet, le contexte d'une phrase ne suffit pas toujours pour aider à comprendre le sens précis d'un mot nouveau et il suffit encore moins si vous voulez vous en souvenir et le faire entrer dans votre vocabulaire actif.

Classez ensuite vos fiches par ordre alphabétique et prévoyez, dès le départ, que votre fichier prendra de l'ampleur au cours de vos nombreuses lectures. Il pourra éventuellement vous permettre de créer votre propre jeu du dictionnaire ou d'autres jeux de société.[2]

Voici un modèle de fiche de vocabulaire:

MOT À **CHERCHER**	**S**YNONYME (s'il y a lieu)
Citation: extrait de la phrase où se trouve le mot. **Référence**: auteur, titre, page. **Sens du mot**: dans le contexte de la phrase. Si le mot est employé au sens figuré, donnez le sens propre dont il découle. **Exemple**: formulez une nouvelle phrase en utilisant le mot dans le même sens.	

Le modèle d'analyse proposé dans la troisième partie de ce chapitre intègre une telle fiche déjà remplie (voir p. 26).

B. Lecture annotée

1. Objectifs

Cette deuxième lecture doit favoriser une compréhension plus approfondie du texte. Elle vous demande de sélectionner certaines informations qui s'y trouvent et vous aide ainsi à développer votre esprit d'analyse. Il vous faut donc, à ce stade-ci, vous fixer des objectifs de lecture précis, selon le genre de texte abordé. Par exemple, dans une oeuvre narrative, vous pourriez envisager le projet d'une recherche sur les personnages, le temps, l'espace ou le thème. Au début, vous devrez peut-être lire le texte autant de fois que vous aurez de types d'informations distinctes à relever. Cependant, avec l'entraînement, vous arriverez à noter simultanément des informations de nature différente.

2. Consignes

a. Sens du titre

Dans un premier temps, interrogez le titre. Comment se relie-t-il au texte? Tentez de le découvrir au fil de votre lecture.

b. Code d'annotation: le texte

Dans un deuxième temps, vous cherchez des informations précises. Notez alors toutes les indications importantes que livre le texte sur le sujet que vous traitez. Dans une oeuvre narrative, la recherche minimale porte sur les personnages, l'action, le temps et l'espace. Toutefois, avec l'approfondissement de vos connaissances du genre, vous pourrez étendre votre champ d'investigation aux autres composantes telles que l'intrigue, le narrateur et le thème.[3]
Utilisez un code de lecture personnel que vous fabriquerez à l'aide de marqueurs de couleurs différentes, de formes géométriques diverses, bref, de tout élément graphique vous permettant de distinguer les informations les unes des autres. Soulignez, encadrez, encerclez... et marquez ainsi tout le corps du texte. Un tel code vous facilitera ultérieurement un repérage rapide des renseignements.

c. Code d'annotation: les marges

Le marquage du texte ne saurait être complet sans que s'y applique simultanément une dernière opération de lecture. Cette fois, votre code personnel doit servir à identifier de façon plus précise les données retenues. Employez par exemple des abréviations, des mots clefs ou encore des chiffres que vous noterez dans la marge. Cette technique s'appelle couramment «lecture annotée». Cette étape exige de la réflexion, de la déduction et de la précision.

C. *Lecture de synthèse*

1. Objectifs

Enfin, cette troisième étape doit vous permettre de dégager une vue d'ensemble du texte, c'est-à-dire de passer de l'analyse minutieuse et détaillée à la synthèse claire et articulée, but final de toute l'opération. De plus, à la fin de cette étape, vous devriez être en mesure de classer le texte selon sa nature propre.

2. Consignes

a. Pertinence du titre

Vérifiez d'abord la pertinence du titre en dégageant sa signification par rapport au contenu. Vous constaterez que, très souvent, le titre correspond au thème traité, à l'action centrale ou encore au personnage principal.[4]

b. Quoi retenir?

Les réponses aux questions suivantes vous fourniront les éléments d'une bonne synthèse.

* *Qui?* Identifiez le ou les personnages principaux, distinguez-les des personnages secondaires ou anecdotiques.
* *Quoi?* Relevez les événements importants de l'action dans leur enchaînement chronologique.
* *Quand?* Déterminez la durée de l'action et précisez, s'il y a lieu, la date et l'époque où elle se déroule.
* *Où?* Nommez le ou les lieux principaux de l'action et distinguez si nécessaire les lieux secondaires.

Répondez à ces questions de manière schématique à la fin de chaque récit ou à la fin de chaque chapitre, s'il s'agit d'un roman. Vous verrez que cet exercice constitue un excellent aide-mémoire. Par ailleurs, la qualité de l'information retenue devrait vous permettre, au besoin, de rédiger un texte qui résume les lignes de force de votre recherche.

c. Nature du texte

Finalement, pour couronner votre lecture de synthèse, précisez la nature du texte. Vous pourrez appliquer les critères relatifs aux différents sous-genres avec d'autant plus d'exactitude et de justesse que votre compréhension sera claire.

Tableau récapitulatif

ÉTAPES	OBJECTIFS	CONSIGNES	MOYENS	RÉSULTATS
A **Lecture de survol**	1. Découvrir le texte. 2. Enrichir le vocabulaire.	1. Souligner les mots. 2. Chercher dans le dictionnaire. 3. Faire des fiches de vocabulaire.	Fiches de vocabulaire	Compréhension des mots
B **Lecture annotée**	1. Développer l'esprit d'analyse. 2. Sélectionner des informations.	1. Interroger le titre. 2. Déterminer un code personnel d'annotation. 3. Annoter dans les marges.	Texte annoté	Compréhension détaillée
C **Lecture de synthèse**	1. Dégager une vue d'ensemble. 2. Classer le texte.	1. Vérifier la pertinence du titre. 2. Quoi retenir? Répondre aux questions: Qui?Quoi? Quand? Où? 3. Identifier la nature du texte.	Synthèse	Compréhension globale

Modèle: théorie appliquée

Nous allons maintenant vous proposer un modèle. La méthode de lecture que nous vous suggérons sera appliquée à une nouvelle de Gilles Vigneault, «Le 410». Le texte suit la présentation de l'auteur et de l'oeuvre. Il est annoté. Faites-en une première lecture sans tenir compte des annotations. La présentation des informations permettant de les décoder s'intègre à l'application de la méthode d'analyse (voir *Lecture annotée*, p. 27). Soyez attentif aux trois étapes caractéristiques de cette démarche. Attardez-vous à bien en saisir le déroulement, car vous devrez par la suite analyser d'autres textes dans la même perspective. Référez-vous souvent au récit de Gilles Vigneault afin de bien comprendre la portée de chaque point.

Gilles Vigneault
(1928 -   )
Québec

Le 410

Gilles Vigneault

Poète, conteur et chansonnier, Gilles Vigneault est né en 1928 au Québec, plus précisément à Natashquan, village éloigné de la Basse Côte-Nord. Après des études classiques au Séminaire de Rimouski, il obtient une licence ès lettres de l'Université Laval (1953). Ces années de formation nous montrent un Vigneault passionné de poésie et de théâtre. Sa carrière de chansonnier s'amorce le 5 août 1960, dans une boîte à chansons de Québec. Par la suite, il ira de succès en succès, tant sur les scènes québécoises qu'internationales. Connu comme un ardent défenseur de sa langue et de son pays, il est identifié au nationalisme québécois.

Parallèlement à cette carrière, il poursuit une oeuvre littéraire prolifique où alternent surtout poésie et contes. En 1959 paraît son premier recueil de poèmes, Étraves. Puis, il abordera le court récit qui oscille entre le poème en prose, le conte moral et la nouvelle. Dans l'ensemble, il développe les thèmes universels de l'amour, de la vie et de la mort. Mais le pays demeure la source d'inspiration la plus féconde de son oeuvre.

«Le 410», tiré des Contes du coin de l'oeil *(1966), reflète bien la manière de l'auteur qui procède par petites touches impressionnistes, souvent avec un sourire au coin de l'oeil, pour nous livrer, dans des textes remarquablement courts, une réflexion profonde sur la vie et sur l'homme. Ce recueil a été réédité avec plusieurs autres, sous le titre* La petite heure, *en 1979.*

Bibliographie sélective

- *Silences* (1957-1977), poèmes
- *La petite heure* (1959-1979), contes
- *Tenir paroles,* vol. I (1958-1967), chansons
- *Tenir paroles,* vol. II (1968-1983), chansons

Left margin notes:

T.:
un dimanche
en hiver
fin d'après-midi

E.:
hôpital
chambre n° 410

T.:

T.:

Main text:

1   C'était encore un peu l'après-midi. Un
dimanche d'hôpital. Un dimanche en hiver,
le dernier pour cet homme couché, près de la
fenêtre au 410, dirait l'infirmière de garde
5 ce jour-là, une jolie fille aux gestes doux.
Dans tous les hôpitaux du monde, il y a
quelqu'un qui va mourir d'un instant à l'autre,
on ne saurait s'y arrêter pour tous. À quoi
sert donc de s'y arrêter pour un seul? On dit:
10 «Pauvre homme». On dit: «La vie est courte»,
et on se dépêche de la raccourcir en pensant
à autre chose. Et pourtant, pour le cas du 410
on s'arrête. Il a eu tout à l'heure une phrase
singulière. «Je n'aurai même pas eu le temps
15 d'être malheureux avec mes 55 ans sonnés.»
Voilà qui ne s'entend point tous les jours.
L'infirmière, cette jolie fille toute nouvelle
sur l'étage aux décès, n'a pas su quoi répondre à cela. Qu'auriez-vous dit? J'étais l'in-
20 terne de service et me permis une extrême
visite au 410. Le malade à la fenêtre n'avait
pas plus mauvaise mine, mais le cancer n'a
pas la réputation de s'attendrir sur ses victimes. Aussi, sans m'attarder longuement sur
25 l'état de santé de l'homme qui allait mourir
dans quelques heures, et qui le savait, je lui
demandai brutalement: «Comment avez-
vous trouvé la vie sur la terre?» Et à ma
grande stupeur, il me répondit: «Assez
30 longue pour moi.» C'est ainsi que cet homme,
qui allait mourir près de la fenêtre au 410, me
raconta sa vie.
    Une vie tout unie, sans pointes, sans
arêtes, une vie de petites joies, de petites
35 peines, sans le moindre point de repère, au
bonheur comme au malheur. «Si je pouvais

Right margin notes:

c.s.:
profession
c.p.:
beauté

un cancéreux/
phase
terminale.
c.s.:
âge: 55 ans

c.s.:
interne

c.p.:
maladie
incurable

c.ψ.:
brusquerie

c.r.:
confiance:
malade/
interne

seulement, disait-il rageur, trouver un de
mes jours où je puisse me revoir malheureux comme un chien perdu, mais non!
Mais non. Ô salope de vie!» Je partis sans
rien ajouter à ce désespoir <u>inusité</u>. Je ne
revins que (dix jours plus tard) et fus surpris
de trouver encore vivant le malade de la
fenêtre. Mais la jolie infirmière me fit un
signe qui signifiait: «Cette fois, c'est vraiment fini...». Je m'approchai du lit et
l'homme <u>ébaucha</u> un sourire, déformé par
la douleur. L'infirmière me demanda de
rester un moment et sortit. C'est alors qu'il
me dit: «J'ai réussi. J'ai réussi à vivre. Une
<u>semaine entière</u>. Depuis une semaine, je
suis affreusement malheureux. Un malheur
plus grand que pour moi. Mais quel malheur.
Qu'il est beau d'être malheureux. Si j'avais
su avant...». Il se tut avec au coin de la lèvre
un demi-sourire <u>évasif</u>. L'infirmière revenait. Il me fit un signe pour la désigner et
mourut. C'est elle qui lui ferma les <u>yeux</u>.

1
5
10
15
20

T.:
10 jours
plus tard

T.:
une semaine

c.ψ.:
regrets/
désespoir

Fait le
bilan.

c.ψ.:
satisfaction
malheur
souffrance
amour

découvre
amour
souffrance.

c.r.: amour:
malade/
infirmière

meurt
satisfait.

(Extrait de *La petite heure*, «Contes du coin de l'oeil»,
Montréal, © Les Nouvelles Éditions de l'Arc, 1979.)

Exploitation

Compréhension de texte

A. Lecture de survol

1. Repérage des mots

Dès le départ, suivez bien la méthode. Lisez «Le 410» de Vigneault et soulignez les mots suivants que vous prendrez soin de chercher au dictionnaire: *singulière, sonnés, interne, stupeur, inusité, ébaucha* (ébaucher), *évasif.*

2. Recherche au dictionnaire

Consultez un bon dictionnaire de langue comme *Le Petit Robert 1.*

3. Fiches de vocabulaire

Remplissez ensuite les fiches de vocabulaire correspondantes et classez-les en ordre alphabétique. Pour être sûr d'accomplir correctement ce travail, référez-vous à l'exemple suivant.

MOT À CHERCHER	SYNONYME
stupeur	*étonnement*

Citation: «Et à ma grande stupeur, il me répondit [...]»

Référence: G. Vigneault, «Le 410», dans *La petite heure,* p. 24.

Sens du mot: étonnement profond.

Exemple: Je demeurai frappé de stupeur à l'annonce de cette nouvelle.

B. *Lecture annotée*

1. Sens du titre

Arrêtez-vous un moment au titre: «Le 410». Il intrigue: s'agit-il d'un vol international, d'un circuit d'autobus, d'une chambre d'hôtel?

2. Code d'annotation: le texte

Voici les figures géométriques proposées qui forment le code d'annotation employé dans les textes modèles du présent ouvrage:

△	personnages;
╱	début ou fin d'une étape de l'action;
⬭	temps;
▭	espace;
*	point de vue du narrateur;
[ ]	thème délimité en outre par une accolade en marge.

3. Code d'annotation: les marges

c.p.:	caractérisation physique;
c.ψ. :	caractérisation psychologique;
c.s.:	caractérisation sociale;
c.r.:	caractérisation relationnelle;
T.:	temps;
E.:	espace;
N.:	narrateur;
Th.:	thème;
mots clefs:	précisez en ajoutant, sous chaque abréviation, le mot clef correspondant à l'information retenue.

4.   Application du code

Étudiez attentivement l'annotation qui accompagne le texte:

a. Combien de personnages interviennent dans l'action?

b. Pour chaque personnage, relevez les exemples de caractérisation physique, psychologique, sociale et relationnelle les plus révélateurs, de manière à pouvoir éventuellement en tracer le portrait.

Voici, à titre d'exemples, quelques citations retenues sur le personnage du malade:

1° Caractérisation physique:
«Le malade à la fenêtre n'avait pas plus mauvaise mine, mais le cancer n'a pas la réputation de s'attendrir sur ses victimes.»
MOT CLEF: maladie incurable.

2° Caractérisation psychologique:
«Si je pouvais seulement, disait-il rageur, trouver un de mes jours où je puisse me revoir malheureux comme un chien perdu [...]»
MOT CLEF: regrets / désespoir.
«Depuis une semaine, je suis affreusement malheureux.»
MOT CLEF: malheur / souffrance.
«Qu'il est beau d'être malheureux. Si j'avais su avant...»
MOT CLEF: amour.

3° Caractérisation sociale:
«[...] mes 55 ans sonnés.»
MOT CLEF: âge.

4° Caractérisation relationnelle:
«Il me fit un signe pour la désigner et mourut. C'est elle qui lui ferma les yeux.»
MOT CLEF: amour: malade / infirmière.

c. Dressez la liste des principaux événements (liés ici aux étapes de l'évolution du malade).

d. Précisez le début et la fin de l'action.

e. Indiquez si elle se déroule dans plusieurs lieux.

C. Lecture de synthèse

1. Pertinence du titre

Notez que le titre indique à la fois le lieu principal où se déroule l'action, la chambre 410 d'un hôpital, et le personnage principal, le malade, qu'on désigne couramment par le numéro de sa chambre.

2. Quoi retenir?

Rassemblez maintenant tous les éléments que votre étude attentive vous a permis de découvrir et répondez aux questions suivantes de façon schématique:

a. *Qui?*
· trois personnages;
· personnage principal: le malade (le 410);
· personnages secondaires: l'interne, l'infirmière.

b. *Quoi?*
· un cancéreux en phase terminale;
· bilan d'une vie monotone: confidences et regrets;
· découverte de l'amour et du malheur;
· mort (dans la satisfaction).

c. *Quand?*
· en hiver;
· début de l'action: un dimanche en fin d'après-midi;
· fin de l'action: dix jours plus tard;
· durée totale: dix jours.

d. *Où?*
· un lieu unique: la chambre 410 d'un hôpital.

3. Nature du texte

a. «Le 410» est une nouvelle.

b. Critères:
   · texte bref;
   · peu de personnages;
   · caractérisation peu détaillée;
   · récit d'un événement: la mort d'un homme désespéré;
   · moment de crise: bilan d'une vie monotone;
   · conclusion-choc: découverte de l'amour et du malheur.

Synthèse rédigée

L'oeuvre de l'écrivain québécois Gilles Vigneault présente des formes multiples: poésie, chansons, contes... Parmi ses nouvelles, «Le 410», tiré des *Contes du coin de l'oeil*, illustre bien les qualités du genre. Que faut-il retenir de cette lecture? Pour en dégager une perception claire qui embrasse tout le récit, arrêtons-nous à la signification de son titre, au traitement de ses composantes et à sa classification.

Voyons d'abord le titre. Est-il bien choisi? Quelles réflexions suscite-t-il? D'une part, sa pertinence ne fait aucun doute, car il désigne à la fois le personnage principal et le lieu où se déroule l'action. D'autre part, sa brièveté et son aspect intrigant éveillent la curiosité du lecteur et l'incitent à découvrir le mystère derrière le chiffre. Enfin, et surtout, ne dénonce-t-il pas, d'une certaine manière, le système de santé qui assimile trop souvent les personnes à des numéros? Il est intéressant de remarquer le contraste qui s'établit entre l'anonymat des personnages, la froideur apparente du titre et le drame humain qui nous est raconté. Bref, Vigneault semble vouloir nous dire: *«Allez voir ce qui se cache derrière la porte du 410.»* Comme quoi le titre porte généralement une signification qui mérite réflexion.

L'étude du titre nous entraîne tout naturellement à nous interroger sur le contenu du récit. Dans «Le 410», qui fait quoi? où? et quand? D'abord, il faut préciser que trois personnages interviennent dans cette histoire. Le malade s'impose comme le protagoniste, il est le pivot de l'action tandis que l'interne, dans son rôle de narrateur, de confident et de témoin, n'occupe qu'une place secondaire, comme l'infirmière dont le caractère est à peine esquissé. En une phrase, l'action peut se résumer ainsi: après 55 années d'une vie monotone, un cancéreux, devenu amoureux de son infirmière, meurt satisfait d'avoir enfin connu le malheur. Ce condensé de l'histoire nous en révèle le thème: l'importance de l'amour pour donner un sens à la vie. Enfin, l'action, dans sa durée, commence un dimanche d'hiver en fin d'après-midi et se termine dix jours plus tard. Elle se déroule, par ailleurs, dans un endroit unique, la chambre 410 d'un hôpital, près de la fenêtre. Voilà en somme, un aperçu global du traitement des principales composantes de ce texte.

Cette synthèse demeurerait incomplète si elle n'offrait une classification du récit. Les définitions proposées et les caractéristiques concrètes du texte aideront à en identifier la nature. D'entrée de jeu, «Le 410» appartient au discours narratif bref. L'examen des critères spécifiques des différentes catégories permet d'éliminer d'emblée le fantastique et le merveilleux puisque ce récit ne présente ni événement surnaturel ni même étrange et ne soulève aucun doute sur la nature des événements qui composent l'histoire. Par ailleurs, il se situe en plein réalisme. Et comme il s'éloigne de la banalité du quotidien, il convient de l'inscrire du côté de la nouvelle plutôt que du récit réaliste, avec tout de même une leçon de vie en filigrane. Vérifions maintenant cette affirmation en appliquant la définition aux divers éléments du texte. La nouvelle, en effet, doit répondre à un certain nombre de critères: un événement raconté dans un contexte réaliste; peu de personnages, dessinés à larges traits; un moment de crise, une conclusion-choc. De fait, «Le 410» ne présente que trois personnages: un homme de 55 ans, à l'article de la mort, désespéré de n'avoir connu qu'une vie monotone et découvrant enfin l'amour; un interne disponible et attentif à ses patients; une infirmière jolie, douce, qu'on devine pleine de compassion. Quant à l'événement, il s'agit de la mort d'un homme: moment de crise, instant de vérité par excellence. Mais la vie de ce mourant s'illumine de bonheur et de souffrance grâce à la découverte *in extremis* de l'amour. C'est la conclusion-choc qui surprend le lecteur et l'invite à réfléchir. Tout bien considéré, «Le 410» de Vigneault se classe à coup sûr dans la catégorie de la nouvelle, tant par sa brièveté et sa densité que par sa maîtrise des caractéristiques du genre.

L'étude du titre, des principales composantes du récit et des caractéristiques formelles du genre permet donc de conclure à la cohérence et surtout à la richesse humaine de cette nouvelle à première vue anodine.

*

La méthode de compréhension de texte s'avère un outil précieux pour apprivoiser l'oeuvre littéraire. Son efficacité dépend essentiellement du respect de ses trois grandes étapes: lecture de survol, lecture annotée, lecture de synthèse. En effet, de la simple compréhension des mots à l'analyse approfondie des principales données du texte, y compris celles de sa nature, vous parviendrez à dégager une vue d'ensemble de votre lecture, telle qu'illustrée dans l'exposé ou dissertation[5] ci-dessus intitulée *Synthèse rédigée*. Afin de vous faciliter l'apprentissage de cette méthode, consultez au besoin son application à la nouvelle «Le 410» de Vigneault. Nous vous invitons enfin, dans les chapitres qui vont suivre, à la mettre en pratique à travers des oeuvres de différents auteurs. La répétition de l'exercice devrait vous permettre de développer des automatismes qui, nous l'espérons, vous feront découvrir un plaisir redoublé de la lecture et de la littérature.

NOTES ET RÉFÉRENCES

1. On pourra se référer, pour les noms communs, au *Petit Robert 1. Dictionnaire alphabétique et analogique de la langue française* et, pour les noms propres, au *Petit Robert 2. Dictionnaire universel des noms propres alphabétique et analogique.*

2. Pour savoir comment vous servir adéquatement d'un dictionnaire, référez-vous à *Consulter pour apprendre* de Paul Beaudoin publié aux Éditions La Lignée, 1992.

3. Chaque chapitre précise les principaux aspects d'une composante du discours narratif dont l'analyse s'ajoute aux précédentes.

4. Raymond LAQUERRE, *Comment lire un roman?*, Montréal, S. Éd., mars 1976, p. 1-18.

5. Pour savoir comment faire une dissertation, référez-vous à *La Dissertation. Outil de pensée, outil de communication,* de Pierre BOISSONNAULT, Roger FAFARD et Vital GADBOIS, Beloeil, Les Éditions La Lignée, 1980.

CHAPITRE 2

Le personnage

APERÇU THÉORIQUE

Dans les romans vivent une foule de personnages qui se croisent, s'interrogent, luttent, et établissent entre eux une dynamique. Construire l'identité de ces êtres de fiction et déterminer leur rôle dans l'action constituent deux volets importants du travail de l'écrivain. Ainsi, pour les rendre vraisemblables, emploie-t-il des procédés permettant de les caractériser. Il cerne alors les différents aspects de leur identité: physique (apparence), social (profession, situation de famille, etc.), psychologique (traits de caractère, émotions, sentiments) et relationnel (rapports entre les personnages). Diverses sources fournissent ces informations (narrateur, personnage, lecteur).

Par ailleurs, le modèle actantiel[1] fait ressortir la dynamique du récit, car il identifie les rôles des actants, notion qui englobe tout ce qui intervient dans le développement de l'action, aussi bien les personnages que les objets ou les abstractions. On identifie ainsi six rôles types: le sujet et l'objet (qui veut quoi?), le destinateur et le destinataire (à cause de qui ou quoi? et pour qui?), le(s) adjuvant(s) et le(s) opposant(s) (à l'aide de qui? et malgré qui?).[2]

Ce chapitre propose, en plus de la démarche initiale de compréhension de texte, l'étude approfondie du personnage. Cette analyse met l'accent sur la caractérisation des personnages et sur leurs rôles dans le développement de la fiction.

---

1. Voir tableau 1, page suivante.
2. Voir tableau 2, page suivante.

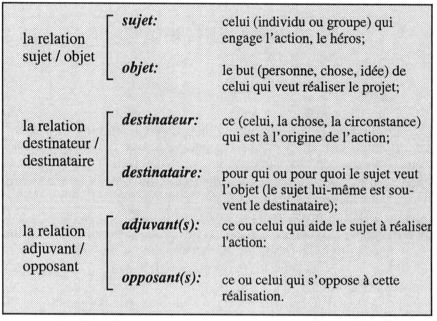

Tableau 1: le modèle actanciel[1]

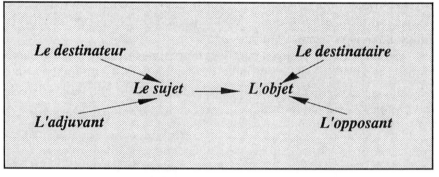

Tableau 2: le schéma actanciel[2]

---

1. Michel Paquin et Roger Reny, *La lecture du roman*, Beloeil, Éd. La Lignée, 1984, p. 66.
2. *Ibid.*

Colette
(1873-1954)
France

Un soir

Colette

Sidonie Gabrielle Colette est née en Bourgogne le 28 janvier 1873. À vingt ans, elle épouse Henry Gauthier-Villars, dit Willy, de qui elle divorce en 1906. Elle mène alors une vie d'errance où, pour survivre, elle joue dans des comédies et des pantomimes. Puis elle rencontre le baron Henry de Jouvenel qui l'introduit dans le monde du journalisme; elle collaborera avec lui au Matin *jusqu'à leur divorce en 1924. Son troisième mariage (1935) avec Maurice Goudeket, de seize ans son cadet, lui apportera, jusqu'à sa mort, une grande sérénité. En 1936, elle est élue à l'Académie royale de langue et de littérature françaises de Belgique, puis à l'Académie Goncourt en 1945. Elle s'éteint à Paris, le 3 août 1954, à l'âge de 81 ans.*

Son oeuvre se compose surtout de romans. D'abord, la série des Claudine *(1900-1903) manifeste un talent sûr dans la peinture des milieux parisiens. Puis son expérience de la scène vaudevillesque inspire, entre autres,* La vagabonde *(1910). Son talent dans l'analyse des sentiments amoureux se raffine encore et s'approfondit dans* Chéri *(1920) et* Le blé en herbe *(1923), tandis que sa passion pour la nature et les bêtes se révèle dans les* Dialogues de bêtes *(1904),* La chatte *(1933),* Chats *(1936). Après 1935, elle se consacre davantage à la rédaction de mémoires (*Mes apprentissages, *1936), de nouvelles (*Gigi, *1944) et de rêveries solitaires (*Le fanal bleu, *1949).*

La femme cachée dont est tiré «Un soir» date de 1924 et présente de courts *textes qui révèlent différents visages de la passion. S'y révèle la maîtrise du portrait et de l'analyse psychologique de même que le talent de l'auteure à créer une atmosphère grâce à un style qui allie la précision et la richesse du vocabulaire à la force d'évocation poétique.*

Bibliographie sélective

• *Claudine à l'école* (1900), roman
• *Mitsou ou comment l'esprit vient aux filles* (1919), roman
• *Chéri* (1920), roman
• *La femme cachée* (1924), nouvelles
• *Sido* (1930), récit

*D*ès que la grille se fut refermée et que la lanterne dansa devant   1
nous au poing d'un jardinier, sous un couvert d'ifs taillés où l'averse
drue ne filtrait qu'en gouttes rares, nous sentîmes que le bon gîte était
tout proche, et nous convînmes en riant que l'accident d'automobile qui
venait de nous immobiliser en pleine campagne appartenait bien à la   5
catégorie des «pannes bénies».

Il se trouva, en effet, que M. B..., le châtelain-conseiller général qui
accueillit, sur le perron, deux voyageuses mouillées et inattendues,
connaissait un peu mon mari, et que sa femme se rappelait — ancienne
élève de la *Schola cantorum* — m'avoir rencontrée à des concerts do-   10
minicaux.

Une grande gaieté bavarde se leva, devant le premier feu de bois de
la saison. Nous dûmes accepter, mon amie Valentine et moi, l'en-cas de
viande froide arrosé de champagne; le dîner de nos hôtes finissait à
peine.   15

Une vieille eau-de-vie de prune, le café encore brûlant nous firent
presque intimes. La lumière électrique, rare dans la région, l'odeur du
tabac blond, des fruits, du bois résineux qui flambait, je goûtais ces
charmes familiers comme les dons d'une île nouvelle.

1   M. B..., carré, grisonnant à peine, avec un joli sourire de Méridional à dents blanches, retenait mon amie Valentine, et je causais avec Mme B... moins que je ne la regardais.

Blonde, mince, habillée comme elle l'eût été pour un dîner élégant
5   et non pour recevoir des automobilistes égarées, elle m'étonnait par des yeux si clairs que le moindre reflet vif les dépossédait de leur bleu pâle. Ils devenaient mauves comme sa robe, verts comme la soie du fauteuil, ou troublés, par le feu de la lampe, de fugaces moires rouges comme les prunelles bleues des chats siamois.

10   Je me demandais si le visage tout entier ne devait pas à ces yeux trop clairs son air d'absence, sa vide amabilité, son sourire parfois somnambulique. Somnambule, en tout cas, singulièrement attentive à tout ce qui pouvait nous plaire et abréger les deux ou trois heures que notre chauffeur, aidé par le mécanicien de M. B..., emploierait à réparer
15   la voiture.

— Nous avons une chambre à votre disposition, me disait Mme B... Pourquoi ne pas passer la nuit ici?

Et ses yeux, comme désaffectés, n'exprimaient qu'une solitude sans borne et presque sans pensée.

20   — Vous n'êtes pas si mal ici, voyons, reprenait-elle. Regardez mon mari, comme il s'entend bien avec votre amie!

Elle riait, pendant que ses yeux grands ouverts, déserts, ne semblaient pas écouter ses paroles. Par deux fois elle me fit répéter une phrase quelconque, en tressaillant légèrement chaque fois.
25   Morphine? opium? Une intoxiquée n'eut jamais ces gencives roses, ce front reposé, cette douce main tiède, ni cette jeune chair élastique et bombée dans le corsage décolleté.

Avais-je affaire à une muette victime conjugale? Mais non. Un tyran, même machiavélique, ne dit pas «Simone» si tendrement, ne
30   repose pas sur son esclave un regard si flatteur...

— Mais oui, madame, ça existe, affirmait justement M. B... à mon amie Valentine, ça existe, des ménages qui vivent à la campagne huit mois de l'année, ne se quittent pas d'une semelle et ne se plaignent pas de leur sort! N'est-ce pas, Simone, que ça existe?
35   — Dieu merci, oui! répondait Simone.

Et ses yeux, à peine bleus, ne contenaient rien, rien qu'un minuscule tison jaune, très lointain, — le reflet de la lampe dans le flanc ventru d'un samovar. Puis elle se leva et nous versa un thé bouillant, parfumé de rhum «pour la route nocturne». Il était dix heures. Un jeune homme

entra, tête nue, et remit, avant toute présentation, quelques lettres 1
ouvertes à M. B..., qui s'excusa auprès de mon amie Valentine et
feuilleta rapidement son courrier.

— C'est le secrétaire de mon mari, m'expliqua Mme B..., qui
coupait un citron en tranches minces. 5

Je répondis comme je le pensais:

— Il est très bien.

— Vous trouvez?

Elle haussa les sourcils comme une femme étonnée qui se dit: «Je
n'y ai jamais songé.» Pourtant ce jeune homme svelte, point emprunté, 10
frappait par son air d'obstination, une habitude de baisser les paupières
qui rendait plus saisissant, lorsqu'il les levait, un grand regard brusque,
farouche, vite dérobé, et plus dédaigneux que timide. Il accepta une
tasse de thé et s'assit devant le feu, près de Mme B..., occupant ainsi la
seconde place d'un de ces sièges affreux, commodes, en forme d'S et 15
que la mode de 1880 nommait causeuses.

Un moment de silence tomba, et je craignis d'avoir lassé des hôtes
si aimables. Je murmurai pour rompre le silence:

— Quel bien-être! Je me souviendrai de cette charmante demeure,
que j'aurai habitée un soir sans même connaître la forme qu'elle a dans 20
le paysage... Ce feu nous réchauffera encore, n'est-ce pas, Valentine,
si nous fermons les yeux sous le vent, tout à l'heure...

— Ce sera bien votre faute, s'écria Mme B... S'il s'agissait de moi,
je ne serais pas à plaindre, j'adore la route, la nuit, la pluie qui raye l'air
devant les phares, les gouttes sur les joues comme des larmes. Oh! j'aime 25
tout cela!

Je la regardai avec surprise. Elle brillait tout entière d'une flamme
humaine délicieuse, qu'une timidité avait peut-être étouffée pendant les
premières heures. Elle ne se reprit pas et la plus séduisante confiance
nous la livra gaie, avisée, instruite de la politique régionale et des 30
ambitions de son mari, qu'elle raillait en parlant comme lui, à la manière
des très jeunes filles qui jouent la comédie. Il n'y avait pas de lampe sur
la cheminée et seul l'âtre crépitant, éloigné de la lumière centrale,
colorait ou laissait dans l'ombre cette jeune femme dont l'animation
brusque me faisait penser à la gaieté des canaris, éveillés dans leur cage 35
à l'heure où l'on allume les lampes. Le dos noir du secrétaire de
M. B... s'appuyait de biais à l'accoudoir en forme d'S, qui le séparait
de Mme B... Pendant qu'elle s'adressait, d'un peu loin et tournée vers
eux, à son mari et à mon amie, je me levai pour poser ma tasse vide et

1   je vis que la main cachée du jeune homme serrait, d'une étreinte
constante et parfaitement immobile, le bras nu de Mme B..., au-dessus
du coude. Ils ne bougeaient ni l'un ni l'autre, la main visible du jeune
homme tenait une cigarette qu'il ne fumait pas, et le bras libre de Mme
5   B... maniait un petit éventail. Elle parlait, heureuse, attentive à tous,
l'oeil limpide, d'une voix que sa respiration plus rapide coupait parfois
comme l'envie de rire, et je voyais, sur l'une de ses mains, les veines
gonfler, tant l'étreinte cachée se faisait amoureuse et dure.

Comme les gens qui sentent peser sur eux un regard, le secrétaire
10   de M. B... se leva soudain, nous salua tous et partit.

— Est-ce que je n'entends pas le bruit de notre moteur? demandai-
je, un moment plus tard, à Mme B...

Elle ne me répondit pas. Elle regardait le feu, penchait faiblement
la tête vers un son insaisissable et ressemblait, par l'affaissement léger
15   de son corps, à une femme qui vient de tomber assez rudement. Je
répétai ma question; elle tressaillit:

— Oui, oui, je crois..., dit-elle précipitamment. Elle battit des
paupières, m'offrit un sourire d'une grâce qui se figeait, des yeux
ressaisis par le froid et le vide:
20   — Quel dommage!

Nous partîmes, emportant les roses d'automne et les dahlias
noirs. M. B... marcha près de l'automobile qui démarrait lentement,
jusqu'au premier détour de l'allée. Mme B... se tenait debout sur le
25   perron éclairé, nous souriant d'un visage qu'abandonnait la passagère
certitude de vivre; l'une de ses mains, remontant sous l'écharpe trans-
parente, serrait au-dessus du coude son bras nu.

(Extrait de *La femme cachée*,
Paris, © Flammarion, coll. «Folio», n° 612, 1924, 191 p.)

Exploitation

A. *Lecture de survol*

1. Quel est le sens et l'étymologie du mot «machiavélique»? Dans le contexte, quelle signification donnez-vous à l'expression «un tyran, même machiavélique»? (40,29)

2. a. Dans quelles circonstances sert-on un «en-cas»? (39,13)
   b. À quoi sert un *samovar*? (40,38) Notez l'origine du mot.

3. Au 6ᵉ paragraphe, quel est l'antonyme du mot «fugace»? (40,8) Quel est le sens contextuel du mot «moires»? (40,8) Étudiez les mots de la même famille.

4. Madame B... est qualifiée par la narratrice d'*avisée*. (41,29) Est-ce à dire ici
   a. qu'elle a reçu un avis?
   b. qu'elle agit avec à-propos et intelligence?
   c. qu'elle donne des conseils?

B. *Lecture annotée*

5. Quel détail de la physionomie de Mme B... l'auteure met-elle en évidence? Donnez une citation à l'appui.

6. Qui nous livre la description des aspects physique et psychologique des personnages? Identifiez les moyens techniques utilisés à cet effet.

7. Quelle est la relation entre Mme B... et le secrétaire de son mari? Justifiez à l'aide de citations.

8. Donnez un exemple de caractérisation sociale.

9. Identifiez l'événement central du récit.

10. Relevez, dans le texte, les indications de temps qui vous permettent de déterminer la durée de l'action.

11. Montrez le contraste entre l'espace où évoluent les deux voyageuses et le gîte que leur offrent leurs hôtes.

C. Lecture de synthèse

12. Le titre choisit de mettre au premier plan la dimension temporelle du récit. Quelle réflexion vous suggère-t-il?

13. Distinguez les personnages principaux des personnages secondaires.

14. Situez l'accident d'automobile parmi les événements qui structurent l'intrigue.

15. À quel moment de l'année se déroule l'action?

16. a. Une atmosphère très chaleureuse, intimiste, se dégage du récit. Recherchez les éléments concrets (liés aux sensations) qui contribuent à la créer.
    b. Le salon représente-t-il, pour la narratrice, plus qu'une simple pièce de la maison? Le lieu de l'action prend-il ici une valeur symbolique? Expliquez.

17. Comment classez-vous ce texte? S'agit-il d'une nouvelle ou d'un récit réaliste? Sur quels critères repose votre réponse?

Étude approfondie: le personnage

18. Le romancier a pour but de créer des personnages vivants et animés. Montrez que le portrait psychologique de Mme B... est particulièrement réussi.

19. Colette, à travers ses personnages, aborde ici le thème de l'éternel triangle amoureux. Selon vous, quelles caractéristiques propres à chacun des hommes provoquent l'attrait de Mme B...?

20. a. Les regards sont décrits avec minutie. Comparez celui de Mme B... avec celui de son amant. Qu'en déduisez-vous?
    b. Par quels signes peut-on noter les changements qui s'opèrent chez Mme B... avant l'arrivée du secrétaire de son mari, lorsqu'il est présent et après son départ?

21. Quel rôle joue Valentine dans l'action?

22. a. Trouvez dans une encyclopédie d'arts décoratifs une illustration de la causeuse mentionnée dans le texte.
    b. À l'aide d'une petite mise en scène, mimez la position des personnages assis dans la causeuse et celle de la narratrice qui découvre leur lien.

23. Établissez le schéma actantiel.

Marcel Aymé
(1902-1967)
France

Dermuche

Marcel Aymé

Issu d'une famille de six enfants dont il est le dernier, Marcel Aymé naît le 29 mars 1902 à Joigny (Yonne). Après son service militaire en Allemagne, il s'installe à Paris en 1923 où il occupe divers emplois. Il publie son premier roman en 1926 et à partir de 1933, son succès lui permet de vivre de sa plume. Sans goût pour le pouvoir, il préfère l'inconfort de l'authenticité et il refuse de s'engager ouvertement sur les plans politique et social. Homme modeste, discret et peu loquace, il fuit d'ailleurs les mondanités et les honneurs. Il meurt à Paris en 1967.

Abondante et variée, l'oeuvre de Marcel Aymé comprend plus de cent soixante articles, dix-sept romans, un très grand nombre de nouvelles, une dizaine de pièces de théâtre et deux essais. Malicieux ou sérieux, anticonformiste et personnel, il donne naissance à toute une faune humaine et animale en même temps qu'il propose un portrait de la France autant citadine (Aller-retour - 1927) que rurale (La Table-aux-crevés, prix Renaudot - 1929, La Jument verte - 1933). Critique acerbe, il s'attribue à titre d'écrivain le rôle de «conscience sans complaisance de son époque» (Uranus - 1948). Mais ce réalisme dérape et Marcel Aymé fait surgir du quotidien le plus banal un univers fantaisiste où le surnaturel apporte sa part de rêve. C'est le cas en particulier de ses nouvelles dont, entre autres, Le Passe-muraille (1943) et Les Contes du Chat perché (rédigés de 1934 à 1953).

La nouvelle «Dermuche», tirée du recueil Le vin de Paris (1947), fournit un bel exemple de l'humour à la fois tendre et caricatural de Marcel Aymé dans le traitement de ses personnages. Ici, l'intervention adroite du surnaturel sert la critique sociale de l'auteur.

Bibliographie sélective

• *Le passe-muraille* (1943), nouvelles
• *Le chemin des écoliers* (1946), roman
• *La tête des autres* (1952), théâtre

1   *Il* avait assassiné une famille de trois personnes pour s'emparer
d'un plat à musique qui lui faisait envie depuis plusieurs années. L'éloquence rageuse de M. Leboeuf, le procureur, était superflue,
celle de Mᵉ Bridon, le défenseur, inutile. L'accusé fut condamné à
5   l'unanimité à avoir la tête tranchée. Il n'y eut pas une voix pour le
plaindre, ni dans la salle, ni ailleurs. Les épaules massives, une encolure
de taureau, il avait une énorme face plate, sans front, toute en mâchoires,
et de petits yeux minces au regard terne. S'il avait pu subsister un doute
quant à sa culpabilité, un jury sensible l'aurait condamné sur sa tête de
10   brute. Durant tout le temps des débats, il demeura immobile à son banc,
l'air indifférent et incompréhensif.
        — Dermuche, lui demanda le président, regrettez-vous votre crime?
        — Comme ci comme ça, monsieur le Président, répondit Dermuche,
je regrette sans regretter.
15   — Expliquez-vous plus éloquemment. Avez-vous un remords?
        — Plaît-il, monsieur le Président?
        — Un remords, vous ne savez pas ce qu'est le remords? Voyons,
vous arrive-t-il de souffrir en pensant à vos victimes?
        — Je me porte bien, monsieur le Président, je vous remercie.

Le seul instant du procès pendant lequel Dermuche manifesta un   1
intérêt certain fut celui où l'accusation produisit le plat à musique. Penché
au bord de son box, il ne le quitta pas du regard, et, lorsque la mécanique,
remontée par les soins du greffier, égrena sa ritournelle, un sourire d'une
très grande douceur passa sur son visage abruti.   5
En attendant que la sentence fût exécutée, il occupa une cellule du
quartier des condamnés et y attendit tranquillement le jour de la
fin. L'échéance ne semblait d'ailleurs pas le préoccuper. Il n'en ouvrit
jamais la bouche aux gardiens qui entraient dans sa cellule. Il n'éprouvait pas non plus le besoin de leur adresser la parole et se contentait de   10
répondre poliment aux questions qui lui étaient faites. Sa seule occupation était de fredonner la ritournelle délictueuse qui l'avait poussé au
crime, et il la connaissait mal. Affligé d'une mémoire très lente, c'était
peut-être l'agacement de ne pouvoir y retrouver l'air du plat à musique
qui l'avait conduit, un soir de septembre, dans la villa des petits rentiers   15
de Nogent-sur-Marne. Ils étaient là deux vieilles filles et un oncle
frileux, décoré de la Légion d'honneur. Une fois par semaine, le
dimanche, au dessert du repas de midi, l'aînée des deux sœurs remontait
le plat à musique. À la belle saison, la fenêtre de leur salle à manger
restait ouverte et, pendant trois ans, Dermuche avait connu des étés   20
enchantés. Blotti au pied du mur de la villa, il écoutait la mélodie
dominicale qu'il essayait, pendant toute la semaine, de ressaisir dans
son intégrité, sans jamais y parvenir complètement. Dès les premières
heures de l'automne, l'oncle frileux faisait fermer la fenêtre de la salle
à manger, et le plat à musique ne jouait plus que pour les petits   25
rentiers. Trois années de suite, Dermuche avait connu ces longs mois de
veuvage sans musique et sans joie. Peu à peu, la ritournelle lui échap-
pait, se dérobait jour après jour et, la fin de l'hiver venue, il ne lui en
restait plus que le regret. La quatrième année, il ne put se faire à l'idée
d'une nouvelle attente et s'introduisit un soir chez les vieux. Le lendemain   30
matin, la police le trouvait occupé, auprès de trois cadavres, à écouter
la chanson du plat à musique.
Pendant un mois, il la sut par cœur, mais à la veille du procès, il
l'avait oubliée. Maintenant, dans sa cellule de condamné, il ressassait
les bribes que le tribunal venait de lui remettre en mémoire et qui   35
devenaient chaque jour un peu plus incertaines. *Ding, ding, ding,*
chantonnait du matin au soir le condamné à mort.
L'aumônier de la prison venait visiter Dermuche et le trouvait plein
de bonne volonté. Il aurait pourtant souhaité que le misérable eût

1   l'esprit un peu plus ouvert, que la bonne parole pénétrât jusqu'à son
     coeur. Dermuche écoutait avec la docilité d'un arbre, mais ses brèves
     réponses, pas plus que son visage fermé, ne témoignaient qu'il s'intéressât
     au salut de son âme, ni même qu'il en eût une. Pourtant, un jour de
5   décembre qu'il lui parlait de la Vierge et des anges, le curé crut voir
     passer une lueur dans ses petits yeux ternes, mais si fugitive qu'il douta
     d'avoir bien vu. À la fin de l'entretien, Dermuche interrogea brusque-
     ment: «Et le petit Jésus, est-ce qu'il existe toujours?» L'aumônier
     n'hésita pas une seconde. Certes, il aurait fallu dire que le petit Jésus
10   avait existé, et qu'étant mort sur la croix à l'âge de trente-trois ans, il
     n'était pas possible de parler de lui au présent. Mais Dermuche avait
     l'écorce du crâne si dure qu'il était difficile de lui faire comprendre. La
     fable du petit Jésus lui était plus accessible et pouvait ouvrir son âme à
     la lumière des saintes vérités. Le curé conta à Dermuche comment le fils
15   de Dieu avait choisi de naître dans une étable, entre le boeuf et l'âne.
         — Vous comprenez, Dermuche, c'était pour montrer qu'il était
     avec les pauvres, qu'il venait pour eux. Il aurait aussi bien choisi de
     naître dans une prison, chez le plus malheureux des hommes.
         — Je comprends, monsieur le curé. En somme, le petit Jésus aurait
20   pu naître dans ma cellule, mais il n'aurait pas accepté de venir au monde
     dans une maison de rentiers.
         L'aumônier se contenta de hocher la tête. La logique de Dermuche
     était inattaquable, mais elle s'ajustait d'un peu trop près à son cas
     particulier et semblait peu propre à le disposer au repentir. Ayant donc
25   hoché entre oui et non, il enchaîna sur les rois mages, le massacre des
     Innocents, la fuite, et conta comment le petit Jésus, quand la barbe lui
     eut poussé, mourut crucifié entre deux larrons, pour ouvrir aux hommes
     les portes du ciel.
         — Pensez-y, Dermuche, l'âme du bon larron aura sans doute été la
30   première de toutes les âmes du monde à entrer au paradis, et ce n'est pas
     l'effet d'un hasard, mais parce que Dieu a voulu nous montrer ce que
     tout pécheur peut attendre de sa miséricorde. Pour lui, les plus grands
     crimes ne sont que les accidents de la vie...
         Mais, depuis longtemps, Dermuche ne suivait plus l'aumônier, et
35   l'histoire du bon larron lui semblait aussi obscure que celles de la pêche
     miraculeuse et de la multiplication des pains.
         — Alors, comme ça, le petit Jésus était retourné dans son étable?
         Il n'en avait que pour le petit Jésus. En sortant de la cellule,
     l'aumônier réfléchissait que cet assassin n'avait pas plus de compréhen-

sion qu'un enfant. Il en vint même à douter que Dermuche fût respon- 1
sable de son crime et pria Dieu de le prendre en pitié.

«C'est une âme d'enfant dans un corps de déménageur, il a tué les
trois petits vieux sans y mettre de malice, comme un enfant ouvre le
ventre de sa poupée ou lui arrache les membres. C'est un enfant qui ne 5
connaît pas sa force, un enfant, un pauvre enfant, et rien qu'un enfant,
et la preuve, c'est qu'il croit au petit Jésus.»

Quelques jours plus tard, le prêtre faisait une visite au condamné. Il
demanda au gardien qui l'accompagnait pour lui ouvrir la porte:

— C'est lui qui chante? 10

On entendait, comme un son de basse cloche, la voix mâle de
Dermuche scander sans repos: *Ding, ding, ding.*

— Il n'arrête pas de toute la journée avec son *ding, ding, ding,
ding.* Si encore ça ressemblait à quelque chose, mais ce n'est même pas
un air. 15

Cette insouciance d'un condamné à mort qui n'était pas encore en
règle avec le ciel ne manqua pas d'inquiéter l'aumônier. Il trouva
Dermuche plus animé qu'à l'ordinaire. Sa face de brute avait une
expression d'alerte douceur et, dans la fente de ses paupières, brillait
une lueur rieuse. Enfin, il était presque bavard. 20

— Quel temps qu'il fait dehors, monsieur le curé?

— Il neige, mon enfant.

— Ça ne fait rien, allez, ce n'est pas la neige qui va l'arrêter. Il s'en
fout de la neige.

Une fois de plus, l'aumônier lui parla de la miséricorde de Dieu et 25
de la lumière du repentir, mais le condamné l'interrompait à chaque
phrase pour l'entretenir du petit Jésus, en sorte que les recommanda-
tions n'étaient d'aucun effet.

— Est-ce que le petit Jésus connaît tout le monde? Vous croyez
qu'au paradis le petit Jésus a la loi? À votre idée, monsieur le curé, est- 30
ce que le petit Jésus est pour la musique?

À la fin, l'aumônier n'arrivait plus à placer un mot. Comme il se
dirigeait vers la porte, le condamné lui glissa dans la main une feuille de
papier pliée en quatre.

— C'est ma lettre au petit Jésus, dit-il en souriant. 35

L'aumônier accepta le message et en prit connaissance quelques
instants plus tard.

«Cher petit Jésus, disait la lettre. La présente est pour vous demander un service. Je m'appelle Dermuche. Voilà la Noël qui vient. Je sais

1   que vous ne m'en voudrez pas d'avoir descendu les trois petits vieuzoques
     de Nogent. Ces salauds-là, vous n'auriez pas pu venir au monde chez
     eux. Je ne vous demande rien pour ici, vu que je ne vais pas tarder à
     éternuer dans le sac. Ce que voudrais, c'est qu'une fois en paradis, vous
5   me donniez mon plat à musique. Je vous remercie par avance, et je vous
     souhaite bonne santé - Dermuche.»
         Le prêtre fut épouvanté par le contenu de ce message qui témoi-
     gnait trop clairement à quel point le meurtrier était imperméable au
     repentir:
10   «Bien sûr, songeait-il, c'est un innocent qui n'a pas plus de
     discernement qu'un nouveau-né, et cette confiance qu'il a mise dans le
     petit Jésus prouve assez sa candeur d'enfant, mais quand il se présentera
     au tribunal avec trois meurtres sur la conscience et sans l'ombre d'un
     repentir, Dieu lui-même ne pourra rien pour lui. Et pourtant, il a une
15   petite âme claire comme une eau de source.»
         Le soir, il se rendit à la chapelle de la prison et, après avoir prié pour
     Dermuche, déposa sa lettre dans le berceau d'un enfant Jésus en plâtre.

         À l'aube du 24 décembre, veille de Noël, un paquet de messieurs
20   bien vêtus pénétrait avec les gardiens dans la cellule du condamné à
     mort. Les yeux lourds encore de sommeil, l'estomac mal assuré et la
     bouche bâilleuse, ils s'arrêtèrent à quelques pas du lit. Dans la lumière
     du jour naissant, ils cherchaient à distinguer la forme d'un corps allongé
     sous la couverture. Le drap du lit remua faiblement et une plainte légère
25   s'exhala de la couche. Le procureur, M. Leboeuf, sentit un frisson lui
     passer dans le dos. Le directeur de la prison pinça sa cravate noire et se
     détacha du groupe. Il tira sur ses manchettes, chercha le port de tête
     convenable et, le buste en arrière, les mains jointes à hauteur de la
     braguette, prononça d'une voix de théâtre:
30   — Dermuche, ayez du courage, votre recours en grâce est rejeté.
         Une plainte lui répondit, plus forte et plus insistante que la
     première, mais Dermuche ne bougea pas. Il semblait être enfoui jusqu'aux
     cheveux et rien n'émergeait de la couverture.
         — Voyons, Dermuche, ne nous mettons pas en retard, dit le
35   directeur. Pour une fois, montrez un peu de bonne volonté.
         Un gardien s'approcha pour secouer le condamné et se pencha sur
     le lit. Il se redressa et se tourna vers le directeur avec un air étonné.
         — Qu'est-ce qui se passe?
         — Mais je ne sais pas, monsieur le directeur, ça bouge, et pourtant...

Un long vagissement d'une tendresse bouleversante s'échappa des   1
couvertures. Le gardien, d'un mouvement brusque, découvrit large-
ment le lit et poussa un cri. Les assistants, qui s'étaient portés en avant,
poussaient à leur tour un cri de stupeur. À la place de Dermuche, sur la
couche ainsi découverte, reposait un enfant nouveau-né ou âgé de   5
quelques mois. Il paraissait heureux de se trouver à la lumière et,
souriant, promenait sur les visiteurs un regard placide.

— Qu'est-ce que ça veut dire? hurla le directeur de la prison en se
tournant vers le gardien-chef. Vous avez laissé évader le prisonnier?

— Impossible, monsieur le directeur, il n'y a pas trois quarts   10
d'heure que j'ai fait ma dernière ronde et je suis sûr d'avoir vu
Dermuche dans son lit.

Cramoisi, le directeur injuriait ses subordonnés et les menaçait des
sanctions les plus sévères. Cependant, l'aumônier était tombé à genoux
et remerciait Dieu, la Vierge, saint Joseph, la Providence et le petit   15
Jésus. Mais personne ne prenait garde à lui.

— Nom de Dieu! s'écria le directeur qui s'était penché sur
l'enfant. Regardez donc, là, sur la poitrine, il a les mêmes tatouages que
Dermuche.

Les assistants se penchèrent à leur tour. L'enfant portait sur la   20
poitrine deux tatouages symétriques, figurant, l'un, une tête de femme,
l'autre, une tête de chien. Aucun doute, Dermuche avait exactement les
mêmes, aux dimensions près. Les gardiens s'en portaient garants. Il y
eut un silence d'assimilation prolongé.

— Je m'abuse peut-être, dit M. Leboeuf, mais je trouve que le   25
nourrisson ressemble à Dermuche autant qu'un enfant de cet âge puisse
ressembler à un homme de trente-trois ans. Voyez cette grosse tête,
cette face aplatie, ce front bas, ces petits yeux minces et même la forme
du nez. Vous ne trouvez pas? demanda-t-il en se tournant vers l'avocat
du condamné.   30

— Évidemment, il y a quelque chose, convint Me Bridon.

— Dermuche avait une tache de café au lait derrière la cuisse,
déclara le gardien-chef.

On examina la cuisse du nourrisson sur laquelle on découvrit le
signe.   35

— Allez me chercher la fiche anthropométrique du condamné,
commanda le directeur. Nous allons comparer les empreintes digitales.

Le gardien-chef partit au galop. En attendant son retour, chacun se
mit à chercher une explication rationnelle de la métamorphose de

1   Dermuche, qui ne faisait déjà plus de doute pour personne. Le directeur
de la prison ne se mêlait pas aux conversations et arpentait nerveusement
la cellule. Comme le nourrisson, apeuré par le bruit des voix, se mettait
à pleurer, il s'approcha du lit et proféra d'un ton menaçant:

5   — Attends un peu, mon gaillard, je vais te faire pleurer pour
quelque chose.

Le procureur Leboeuf, qui s'était assis à côté de l'enfant, regarda
le directeur d'un air intrigué.

— Croyez-vous vraiment que ce soit votre assassin? demanda-t-
10   il.

— Je l'espère. En tout cas, nous allons bientôt le savoir.

En présence de ce miracle délicat, l'aumônier ne cessait de rendre
grâces à Dieu, et ses yeux se mouillèrent de tendresse tandis qu'il
regardait cet enfant quasi divin qui reposait entre Leboeuf et le directeur. Il
15   se demandait avec un peu d'anxiété ce qui allait arriver et concluait avec
confiance:

«Il en sera ce que le petit Jésus aura décidé.»

Lorsque l'examen comparé des empreintes digitales eut confirmé
l'extraordinaire métamorphose, le directeur de la prison eut un soupir
20   de soulagement et se frotta les mains.

— Et, maintenant, pressons-nous, dit-il, nous n'avons déjà que
trop perdu de temps. Allons, Dermuche, allons...

Un murmure de protestation s'éleva dans la cellule, et l'avocat du
condamné s'écria avec indignation:

25   — Vous ne prétendez tout de même pas faire exécuter un
nourrisson! Ce serait une action horrible, monstrueuse. En admettant
que Dermuche soit coupable et qu'il ait mérité la mort, l'innocence d'un
nouveau-né est-elle à démontrer?

— Je n'entre pas dans ces détails-là, répliqua le directeur. Oui ou
30   non, cet individu est-il notre Dermuche? A-t-il assassiné les trois rentiers de Nogent-sur Marne? A-t-il été condamné à mort? La loi est faite
pour tout le monde, et moi, je ne veux pas d'histoires. Les bois sont là
et il y a plus d'une heure que la guillotine est montée. Vous me la baillez
belle avec votre innocence de nouveau-né. Alors il suffirait de se
35   changer en nourrisson pour échapper à la Justice? Ce serait vraiment
trop commode.

Me Bridon, d'un mouvement maternel, avait rabattu la couverture
sur le petit corps potelé de son client. Heureux de sentir la chaleur,
l'enfant se mit à rire et à gazouiller. Le directeur le regardait de travers,

jugeant cet accès de gaieté tout à fait déplacé.   1

— Voyez donc, dit-il, ce cynisme, il entend crâner jusqu'au bout.

— Monsieur le directeur, intervint l'aumônier, est-ce que, dans cette aventure, vous n'apercevez pas le doigt de Dieu?

— Possible, mais ça ne change rien. En tout cas, je n'ai pas à m'en   5
occuper. Ce n'est pas Dieu qui me donne mes consignes, ni qui s'occupe de mon avancement. J'ai reçu des ordres, je les exécute. Voyons, monsieur le Procureur, est-ce que je n'ai pas entièrement raison?

Le procureur Leboeuf hésitait à se prononcer et ne s'y résolut qu'après réflexion.   10

— Évidemment, vous avez la logique pour vous. Il serait profondément injuste qu'au lieu de recevoir une mort méritée, l'assassin eût le privilège de recommencer sa vie. Ce serait d'un exemple déplorable. D'autre part, l'exécution d'un enfant est une chose assez délicate, il me semble que vous feriez sagement d'en référer à vos supérieurs.   15

— Je les connais, ils m'en voudront de les avoir mis dans l'embarras. Enfin, je vais tout de même leur téléphoner.

Les hauts fonctionnaires n'étaient pas arrivés au ministère. Le directeur dut les appeler à leur domicile particulier. À moitié réveillés, ils étaient de très mauvais poil. La métamorphose de Dermuche leur fit   20
l'effet d'une ruse déloyale qui les visait personnellement, et ils se sentaient très montés contre lui. Restait que le condamné était un nourrisson. Mais l'époque n'étant pas à la tendresse, ils tremblaient pour leur avancement qu'on ne vînt à les suspecter d'être bons. S'étant concertés, ils décidèrent que... «le fait que le meurtrier se fût un peu   25
tassé sous le poids du remords ou pour toute autre cause ne pouvait en rien contrarier les dispositions de la Justice».

On procéda à la toilette du condamné, c'est-à-dire qu'on l'enveloppa dans le drap du lit et qu'on lui coupa un léger duvet blond qui poussait sur la nuque. L'aumônier prit ensuite la précaution de le   30
baptiser. Ce fut lui qui l'emporta dans ses bras jusqu'à la machine dressée dans la cour de la prison.

Au retour de l'exécution, il conta à Me Bridon la démarche qu'avait faite Dermuche auprès du petit Jésus.

— Dieu ne pouvait pas accueillir au paradis un assassin que le   35
remords n'avait même pas effleuré. Mais Dermuche avait pour lui l'espérance et son amour du petit Jésus. Dieu a effacé sa vie de pécheur et lui a rendu l'âge de l'innocence.

— Mais si sa vie de pécheur a été effacée, Dermuche n'a commis

1   aucun crime et les petits rentiers de Nogent n'ont pas été assassinés.

L'avocat voulut en avoir le coeur net et se rendit aussitôt à Nogent-sur-Marne. En arrivant, il demanda à une épicière de la rue où se trouvait la maison du crime, mais personne n'avait entendu parler d'un crime. On
5   lui indiqua sans difficulté la demeure des vieilles demoiselles Bridaine et de l'oncle frileux. Les trois rentiers l'accueillirent avec un peu de méfiance et bientôt, rassurés, se plaignirent que, dans la nuit même, on leur eût volé un plat à musique posé sur la table de la salle à manger.

(Extrait de *Le vin de Paris*,
Paris, © Gallimard, coll. «Biblos», 1989, Paris, 902 p.)

Exploitation

Compréhension de texte

A. *Lecture de survol*

1. L'expression «ritournelle délictueuse» (49,12) signifie...

2. Formulez en vos mots la deuxième partie de la phrase suivante: «Le drap du lit remua faiblement et une plainte légère s'exhala de la couche». (52,24)

3. Y a-t-il une corrélation entre l'adjectif *bâilleuse* dans l'expression «la bouche bâilleuse» (52,22) et la locution «vous me la baillez belle»? (54,33)

4. Le mot *guillotine* est un éponyme. Précisez pourquoi.

B. *Lecture annotée*

5. a. Tracez le portrait physique de Dermuche.
   b. Sur quelles preuves s'appuie-t-on pour déterminer que le bébé est bien Dermuche?

6. Donnez deux extraits qui montrent la pauvreté d'esprit de Dermuche et deux autres, son amour de la musique.

7. Relevez la qualité dominante de l'aumônier. À quoi reconnaît-on sa foi en Dieu?

8. Quelle relation s'établit-il entre Me Bridon et Dermuche?

9. Situez socialement les victimes de Dermuche.

10. Quel événement vient bouleverser le cours normal de l'exécution du criminel?

11. a. À quelle saison est commis le crime?
    b. Quand a lieu l'exécution de Dermuche?

12. Identifiez le lieu principal de même que les lieux secondaires de l'action.

C. *Lecture de synthèse*

13. Dressez la liste des personnages et classez-les selon leur importance.

14. Résumez l'histoire en une dizaine de lignes.

15. a. À quoi tient le surnaturel dans ce texte?
    b. Les personnages adoptent différentes attitudes devant la métamorphose de Dermuche. Précisez et nuancez votre réponse.
    c. À la lumière de ce qui précède, classez le texte dans la catégorie qui convient.

16. Dégagez le thème majeur.

17. Imaginez un autre titre en vous basant soit sur le thème, soit sur l'intrigue. Justifiez votre choix.

18. a. «S'il avait pu subsister un doute quant à sa culpabilité, un jury sensible l'aurait condamné sur sa tête de brute.» (48,8) Que révèle cette phrase quant à l'opinion de l'auteur sur le processus judiciaire?
    b. Comparez la justice humaine et la justice divine, telles qu'elles sont présentées dans le récit.

Étude approfondie: le personnage

19. a. Qu'est-ce qui montre dans l'attitude de Dermuche qu'il est innocent? Relevez les extraits les plus significatifs.

b. Dermuche semble tout à fait indifférent à son sort. Donnez quelques citations à l'appui.

c. Quel événement révèle de façon concrète l'innocence de Dermuche?

d. Marcel Aymé établit un parallèle entre Dermuche et le petit Jésus. Expliquez.

20. La sottise est l'apanage à la fois de Dermuche et des représentants de la justice, mais les causes diffèrent. Expliquez à quoi elle tient dans les deux cas.

21. Le personnage de l'aumônier est l'un des plus articulés de ce récit. Tracez-en le portrait psychologique.

22. a. Déterminez ce qui remplit le rôle de l'objet dans le schéma actantiel.

b. Les adjuvants et les opposants au projet de Dermuche sont nombreux. Identifiez-les.

Recherche et création

Colette, «Un soir» et Marcel Aymé, «Dermuche»

1. En quoi la description des personnages se distingue-t-elle dans les deux oeuvres étudiées? Ces particularités relèvent-elles de la nature des textes ou du style des auteurs? Expliquez.

Colette, «Un soir»

2. On sait peu de choses sur le mari de Mme B... Complétez son portrait en développant ses relations avec sa femme. Utilisez les procédés de caractérisation physique, psychologique et sociale.

Marcel Aymé, «Dermuche»

3. Supprimez les éléments de merveilleux. Réécrivez l'histoire sur un mode réaliste.

4. Sur quoi repose l'humour dans l'oeuvre de Marcel Aymé?

CHAPITRE 3

L'intrigue

APERÇU THÉORIQUE

L'action constitue le pivot de tout texte narratif. L'organisation des événements qui la composent forme l'intrigue. On peut examiner celle-ci sous deux angles différents, suivant que l'on en considère l'ordre chronologique des événements ou l'ordre de leur narration, c'est-à-dire l'ordre textuel.

Paul Larivaille propose un schéma général (voir page suivante) selon lequel tout récit présente la situation des personnages avant (état initial) et après l'action (état terminal). Entre les deux s'élabore un processus de transformation en trois temps où le bouleversement de l'état initial (événement déclencheur) génère une série d'événements (action) qui trouvent enfin un aboutissement (sanction).

Même si toutes les histoires offrent globalement cette structure de base, la manière d'agencer les événements varie d'un texte à l'autre et donne à chacun son originalité. Le découpage en épisodes permet de mettre en valeur l'agencement particulier des événements au sein de la fiction. Il faut savoir qu'un épisode est une partie d'un texte narratif. Il comporte un événement principal impliquant des personnages, des événements secondaires qui gravitent autour, un cadre spatio-temporel, habituellement distinct, et un point de vue de narration précis. De plus, chaque épisode constitue une étape dans le déroulement de la narration et sa signification thématique ou psychologique se détermine en relation avec les autres. Parfois l'organisation logique des événements recoupe l'ordre textuel, mais ce n'est pas toujours le cas. Dans sa progression, l'action suit un ordre chronologique ou un ordre causal de nature événementielle, psychologique ou philosophique.

Avant les événements	Les événements			Après les événements
État initial	Processus de transformation			État terminal
	Provocation → Action → Sanction			
I	II	III	IV	V

Tableau 1: schéma général d'une histoire[1]

1. Michel Paquin et Roger Reny, *La lecture du roman,* Beloeil, Éd. La Lignée, 1984, p. 50.

Guy de Maupassant
(1850-1893)
France

Aux champs

Guy de Maupassant

Maupassant naît au château de Miromesnil (Seine-Maritime) le 5 août 1850. Sa mère l'élève seule à Étretat avec son frère Hervé. Mobilisé en 1870, il se retrouve à Paris, de 1871 à 1880, comme commis dans différents ministères. Il apprend en même temps son métier d'écrivain sous l'exigeante tutelle de Gustave Flaubert. Lancée de manière fulgurante avec la parution de «Boule de suif» dans les Soirées de Médan *(1880), sa carrière d'écrivain s'étend sur une dizaine d'années et lui procure la renommée et la richesse. Il écrit et voyage beaucoup, profitant des plaisirs de la réussite. Cependant, sa santé se détériore rapidement et il meurt à Paris en 1893.*

L'oeuvre de Maupassant reflète sa destinée. Entre 1880 et 1891, il écrit au-delà de trois cents contes et nouvelles, six romans, deux cents chroniques, de même que des journaux de voyage et quelques pièces de théâtre. Rompu à l'école du naturalisme, il excelle dans le choix du détail révélateur, de l'anecdote signifiante propre à mettre la vérité d'une âme à nu. Résolument pessimiste, son oeuvre prend tout son sens dans l'expression finale du désespoir. Tantôt narquois et sarcastique quand il considère le paysan un peu fruste, sympathique lorsqu'il s'agit des déshérités, plein d'angoisse quand il aborde les divers visages de la folie à travers ses contes fantastiques, le regard lucide de Maupassant suit dans son oeuvre la trajectoire de sa propre destruction.

Le récit «Aux champs» fait partie des Contes de la Bécasse, *recueil paru en 1883. Cette scène paysanne illustre bien sa manière rigoureuse de développer l'intrigue: brève mise en place du cadre de l'action et des personnages en quelques traits, puis, sous une apparente banalité, défilent les étapes successives de ce qui s'avère finalement un petit drame cruel.*

Bibliographie sélective

• *Boule de suif* (1880), nouvelles
• *Une vie* (1883), roman
• *Le Horla* (1887), nouvelles
• *Pierre et Jean* (1888), préface: théorie sur le roman

À Octave Mirbeau.

*L*es deux chaumières étaient côte à côte, au pied d'une colline,   1
proches d'une petite ville de bains. Les deux paysans besognaient dur
sur la terre inféconde pour élever tous leurs petits. Chaque ménage en
avait quatre. Devant les deux portes voisines, toute la marmaille grouillait
du matin au soir. Les deux aînés avaient six ans et les deux cadets quinze   5
mois environ; les mariages, et, ensuite, les naissances s'étaient produi-
tes à peu près simultanément dans l'une et l'autre maison.

    Les deux mères distinguaient à peine leurs produits dans le tas; et
les deux pères confondaient tout à fait. Les huit noms dansaient dans
leur tête, se mêlaient sans cesse; et, quand il fallait en appeler un, les   10
hommes souvent en criaient trois avant d'arriver au véritable.

    La première des deux demeures, en venant de la station d'eaux de
Rolleport, était occupée par les Tuvache, qui avaient trois filles et un
garçon; l'autre masure abritait les Vallin, qui avaient une fille et trois
garçons.   15

    Tout cela vivait péniblement de soupe, de pommes de terre et de
grand air. À sept heures, le matin, puis à midi, puis à six heures, le soir,
les ménagères réunissaient leurs mioches pour donner la pâtée, comme
des gardeurs d'oies assemblent leurs bêtes. Les enfants étaient assis, par

1   rang d'âge, devant la table en bois, vernie par cinquante ans d'usage. Le
dernier moutard avait à peine la bouche au niveau de la planche. On
posait devant eux l'assiette creuse pleine de pain molli dans l'eau où
avaient cuit les pommes de terre, un demi-chou et trois oignons; et toute
5   la lignée mangeait jusqu'à plus faim. La mère empâtait elle-même le
petit. Un peu de viande au pot-au-feu, le dimanche, était une fête pour
tous; et le père, ce jour-là, s'attardait aux repas en répétant: «Je m'y
ferais bien tous les jours.»

Par un après-midi du mois d'août, une légère voiture s'arrêta
10   brusquement devant les deux chaumières, et une jeune femme, qui
conduisait elle-même, dit au monsieur assis à côté d'elle:

«Oh! regarde, Henri, ce tas d'enfants! Sont-ils jolis, comme ça,
à grouiller dans la poussière.»

L'homme ne répondit rien, accoutumé à ces admirations qui
15   étaient une douleur et presque un reproche pour lui.

La jeune femme reprit:

«Il faut que je les embrasse! Oh! comme je voudrais en avoir un,
celui-là, le tout petit.»

Et, sautant de la voiture, elle courut aux enfants, prit un des deux
20   derniers, celui des Tuvache, et, l'enlevant dans ses bras, elle le baisa
passionnément sur ses joues sales, sur ses cheveux blonds et pommadés
de terre, sur ses menottes qu'il agitait pour se débarrasser des caresses
ennuyeuses.

Puis elle remonta dans sa voiture et partit au grand trot. Mais elle
25   revint la semaine suivante, s'assit elle-même par terre, prit le moutard
dans ses bras, le bourra de gâteaux, donna des bonbons à tous les autres;
et joua avec eux comme une gamine, tandis que son mari attendait
patiemment dans sa frêle voiture.

Elle revint encore, fit connaissance avec les parents, reparut tous
30   les jours, les poches pleines de friandises et de sous.

Elle s'appelait Mme Henri d'Hubières.

Un matin, en arrivant, son mari descendit avec elle; et, sans
s'arrêter aux mioches, qui la connaissaient bien maintenant, elle pénétra
dans la demeure des paysans.

35   Ils étaient là, en train de fendre du bois pour la soupe: ils se
redressèrent tout surpris, donnèrent des chaises et attendirent. Alors la
jeune femme, d'une voix entrecoupée, tremblante, commença:

«Mes braves gens, je viens vous trouver parce que je voudrais
bien... je voudrais bien emmener avec moi votre... votre petit garçon.»

Les campagnards, stupéfaits et sans idée, ne répondirent pas.   1
Elle reprit haleine et continua.

«Nous n'avons pas d'enfants; nous sommes seuls, mon mari et moi... Nous le garderions... voulez-vous?»

La paysanne commençait à comprendre. Elle demanda: 5

«Vous voulez nous prend'e Charlot? Ah! ben non, pour sûr.»

Alors M. d'Hubières intervint:

«Ma femme s'est mal expliquée. Nous voulons l'adopter, mais il reviendra vous voir. S'il tourne bien, comme tout porte à le croire, il sera notre héritier. Si nous avions, par hasard, des enfants, il partagerait   10
également avec eux. Mais s'il ne répondait pas à nos soins, nous lui donnerions, à sa majorité, une somme de vingt mille francs, qui sera immédiatement déposée en son nom chez un notaire. Et, comme on a aussi pensé à vous, on vous servira jusqu'à votre mort une rente de cent francs par mois. Avez-vous bien compris?»   15

La fermière s'était levée, toute furieuse.

«Vous voulez que j'vous vendions Charlot? Ah! mais non; c'est pas des choses qu'on d'mande à une mère, ça! Ah! mais non! Ce serait une abomination.»

L'homme ne disait rien, grave et réfléchi; mais il approuvait sa   20
femme d'un mouvement continu de la tête.

Mme d'Hubières, éperdue, se mit à pleurer, et, se tournant vers son mari, avec une voix pleine de sanglots, une voix d'enfant dont tous les désirs ordinaires sont satisfaits, elle balbutia:

«Ils ne veulent pas, Henri, ils ne veulent pas!»   25

Alors ils firent une dernière tentative.

«Mais, mes amis, songez à l'avenir de votre enfant, à son bonheur, à...»

La paysanne, exaspérée, lui coupa la parole:

«C'est tout vu, c'est tout entendu, c'est tout réfléchi... Allez-   30
vous-en, et pi, que j'vous revoie point par ici. C'est-i permis d'vouloir prendre un éfant comme ça!»

Alors, Mme d'Hubières, en sortant, s'avisa qu'ils étaient deux tout petits, et elle demanda à travers ses larmes, avec une ténacité de femme volontaire et gâtée, qui ne veut jamais attendre: 35

«Mais l'autre petit n'est pas à vous?»

Le père Tuvache répondit:

«Non, c'est aux voisins; vous pouvez y aller si vous voulez.»

Et il rentra dans sa maison, où retentissait la voix indignée de sa

1   femme.

Les Vallin étaient à table, en train de manger avec lenteur des tranches de pain qu'ils frottaient avec un peu de beurre piqué au couteau, dans une assiette entre eux deux.

5   M. d'Hubières recommença ses propositions, mais avec plus d'insinuations, de précautions oratoires, d'astuce.

Les deux ruraux hochaient la tête en signe de refus; mais quand ils apprirent qu'ils auraient cent francs par mois, ils se considérèrent, se consultant de l'oeil, très ébranlés.

10   Ils gardèrent longtemps le silence, torturés, hésitants. La femme enfin demanda:

«Qué qu't'en dis, l'homme?»

Il prononça d'un ton sentencieux:

«J'dis qu'c'est point méprisable.»

15   Alors Mme d'Hubières, qui tremblait d'angoisse, leur parla de l'avenir du petit, de son bonheur, et de tout l'argent qu'il pourrait leur donner plus tard.

Le paysan demanda:

«C'te rente de douze cents francs ce s'ra promis d'vant l'notaire?»

20   M. d'Hubières répondit:

«Mais certainement, dès demain.»

La fermière, qui méditait, reprit:

«Cent francs par mois, c'est point suffisant pour nous priver du p'tit; ça travaillera dans quéqu'z'ans, ct'éfant; i nous faut cent vingt

25   francs.»

Mme d'Hubières, trépignant d'impatience, les accorda tout de suite; et, comme elle voulait enlever l'enfant, elle donna cent francs en cadeau pendant que son mari faisait un écrit. Le maire et un voisin, appelés aussitôt, servirent de témoins complaisants.

30   Et la jeune femme, radieuse, emporta le marmot hurlant, comme on emporte un bibelot désiré d'un magasin.

Les Tuvache, sur leur porte, le regardaient partir, muets, sévères, regrettant peut-être leur refus.

35   On n'entendit plus du tout parler du petit Jean Vallin. Les parents, chaque mois, allaient toucher leurs cent vingt francs chez le notaire; et ils étaient fâchés avec leurs voisins parce que la mère Tuvache les agonisait d'ignominies, répétant sans cesse de porte en porte qu'il fallait être dénaturé pour vendre son enfant, que c'était une horreur, une saleté,

une corromperie.

Et parfois elle prenait en ses bras son Charlot avec ostentation, lui criant, comme s'il eût compris:

«J'tai pas vendu, mé, j't'ai pas vendu, mon p'tiot. J'vends pas m's éfants, mé. J'sieus pas riche, mais vends pas m's éfants.»

Et, pendant des années et encore des années, ce fut ainsi chaque jour des allusions grossières qui étaient vociférées devant la porte, de façon à entrer dans la maison voisine. La mère Tuvache avait fini par se croire supérieure à toute la contrée parce qu'elle n'avait pas vendu Charlot. Et ceux qui parlaient d'elle disaient:

«J'sais ben que c'était engageant, c'est égal, elle s'a conduite comme une bonne mère.»

On la citait; et Charlot, qui prenait dix-huit ans, élevé dans cette idée qu'on lui répétait sans répit, se jugeait lui-même supérieur à ses camarades, parce qu'on ne l'avait pas vendu.

Les Vallin vivotaient à leur aise, grâce à la pension. La fureur inapaisable des Tuvache, restés misérables, venait de là.

Leur fils aîné partit au service. Le second mourut; Charlot resta seul à peiner avec le vieux père pour nourrir la mère et deux autres soeurs cadettes qu'il avait.[1]

Il prenait vingt et un ans, quand, un matin, une brillante voiture s'arrêta devant les deux chaumières. Un jeune monsieur, avec une chaîne de montre en or, descendit, donnant la main à une vieille dame aux cheveux blancs. La vieille dame lui dit:

«C'est là, mon enfant, à la seconde maison.»

Et il entra comme chez lui dans la maison des Vallin.

La vieille mère lavait ses tabliers; le père, infirme, sommeillait près de l'âtre. Tous deux levèrent la tête, et le jeune homme dit:

«Bonjour, papa; bonjour, maman.»

Ils se dressèrent, effarés. La paysanne laissa tomber d'émoi son savon dans son eau et balbutia:

«C'est-i té, m'n éfant? C'est-i té, m'n éfant?»

Il la prit dans ses bras et l'embrassa, en répétant: «Bonjour, maman.» Tandis que le vieux, tout tremblant, disait, de son ton calme qu'il ne perdait jamais: «Te v'là-t'i revenu Jean?» Comme s'il l'avait vu un mois auparavant.

Et, quand ils se furent reconnus, les parents voulurent tout de suite sortir le fieu dans le pays pour le montrer. On le conduisit chez le maire, chez l'adjoint, chez le curé, chez l'instituteur.

---

1. Nous relevons ici une inadvertance du narrateur: au début du conte, les Tuvache ont trois filles et un garçon.

1   Charlot, debout sur le seuil de sa chaumière, le regardait passer.
Le soir, au souper, il dit aux vieux:
«Faut-i qu'vous ayez été sots pour laisser prendre le p'tit aux
Vallin!»
5   Sa mère répondit obstinément:
«J'voulions point vendre not' éfant!»
Le père ne disait rien.
Le fils reprit:
«C'est-i pas malheureux d'être sacrifié comme ça!»
10   Alors le père Tuvache articula d'un ton coléreux:
«Vas-tu pas nous r'procher d' t'avoir gardé?»
Et le jeune homme, brutalement:
«Oui, j'vous le r'proche, que vous n'êtes que des niants. Des
parents comme vous, ça fait l'malheur des éfants. Qu'vous mériteriez
15   que j'vous quitte.»
La bonne femme pleurait dans son assiette. Elle gémit tout en
avalant des cuillerées de soupe dont elle répandait la moitié:
«Tuez-vous donc pour élever d's éfants!»
Alors le gars, rudement:
20   «J'aimerais mieux n'être point né que d'être c'que j'suis. Quand
j'ai vu l'autre, tantôt, mon sang n'a fait qu'un tour. Je m'suis dit: v'là
c'que j'serais maintenant!»
Il se leva.
«Tenez, j'sens bien que je ferai mieux de n'pas rester ici, parce que
25   j'vous le reprocherais du matin au soir, et que j'vous ferais une vie
d'misère. Ça, voyez-vous, j'vous l'pardonnerai jamais!»
Les deux vieux se taisaient, atterrés, larmoyants!
Il reprit:
«Non, c't'idée-là, ce serait trop dur. J'aime mieux m'en aller
30   chercher ma vie aut'part!»
Il ouvrit la porte. Un bruit de voix entra. Les Vallin festoyaient
avec l'enfant revenu.
Alors Charlot tapa du pied et, se tournant vers ses parents, cria:
«Manants, va!»
35   Et il disparut dans la nuit.

(Extrait de *Les contes de la bécasse*)

Exploitation

Compréhension de texte

A. *Lecture de survol*

1. Relevez tous les mots du texte qui désignent un enfant et précisez à quel niveau de langue ils appartiennent; trouvez également les synonymes du mot *paysan.* (67,2)

2. Trouvez la bonne réponse: prendre des *précautions oratoires* (70,6) veut dire:
   a. ménager la susceptibilité d'un auditeur;
   b. arracher délicatement les mauvaises herbes;
   c. aller à l'oratoire pour demander conseil.

3. Dans la phrase « [...] la mère Tuvache les agonisait d'ignominies», (70,37)
   a. trouvez l'infinitif du verbe et vérifiez son emploi particulier;
   b. définissez le mot *ignominie.*

4. Cherchez l'étymologie et la signification du mot *fieu* (71,38).

B. *Lecture annotée*

5. a. À quelle classe sociale appartiennent les Tuvache et les Vallin? Illustrez d'exemples pertinents.
   b. Sur quels éléments de l'aspect social repose la comparaison établie par l'auteur, d'une part, entre les Tuvache et les Vallin et, d'autre part, les d'Hubières? Donnez des citations à l'appui.

6. a. Montrez à travers différentes citations que Mme d'Hubières est une femme capricieuse et gâtée à l'excès.
   b. Qu'est-ce qui motive la réaction des deux mères à l'offre de Mme d'Hubières?

7. Les relations entre les deux familles se détériorent après l'adoption de Jean Vallin. Expliquez pourquoi.

8. Que déclenche chez Charlot Tuvache le retour de Jean Vallin? Précisez son attitude face à Jean et face à ses parents.

9. Dressez la liste détaillée des principaux événements du récit.

10. À l'aide de quels indices pouvez-vous déterminer la durée de l'action?

11. Décrivez le cadre de l'action.

C. *Lecture de synthèse*

12. Pourquoi le récit porte-t-il le titre *Aux champs*?

13. Dégagez le schéma actantiel en prenant pour sujet les Tuvache, dans un premier temps, et les Vallin, dans un second temps.

14. Résumez l'histoire en une phrase.

15. À quelle époque se situe l'action? Combien de temps dure-t-elle?

16. Établissez un lien entre le titre et le cadre de l'action.

17. Montrez que ce texte présente les principales caractéristiques de la nouvelle.

18. L'événement sur lequel repose cette histoire pourrait-il se produire encore aujourd'hui? Sous quelle forme se présenterait-il?

Étude approfondie: l'intrigue

19. a. L'action se découpe en trois épisodes. Pour chacun, précisez l'événement principal et les événements secondaires, le lieu et le temps, de même que la signification thématique.

b. À partir de la liste des événements, établissez le schéma de l'intrigue en donnant de manière détaillée toutes les étapes de la provocation, de l'action et de la sanction.

c. L'ordre logique des événements correspond-il à l'ordre textuel?

d. Déterminez l'ordre narratif privilégié dans le texte. Expliquez.

Jakob et Wilhelm Grimm
• Jakob   (1785-1863)
• Wilhelm   (1786-1859)
Allemagne

Jean le veinard

Jakob et Wilhelm Grimm

Les frères Grimm naissent à Hanau — Jakob, le 4 janvier 1785 et Wilhelm, le 24 février 1786. Après leurs études de droit, leurs destins demeurent étroitement liés: tous deux se retrouvent à la bibliothèque de Cassel, puis respectivement professeurs à l'Université de Göttingen en 1829 et 1831 et, enfin, bibliothécaires de cette ville. Également membres de l'Académie des Sciences de Berlin, ils enseigneront, par la suite, à l'Université de Berlin, ville où le cadet meurt en 1859 et l'aîné en 1863.

Guidés par leur nationalisme, les frères Grimm s'intéressent à ce qui révèle l'âme allemande. Puisant à des sources orales et écrites variées, ils rassemblent et publient, en 1812 et 1815, les Contes de l'enfance et du foyer *qui les rendent célèbres. Wilhelm s'occupe des éditions ultérieures alors que Jakob, considéré comme le fondateur de la philologie allemande, s'intéresse surtout à l'étude de la langue germanique et à son histoire. Les deux frères entreprennent également la rédaction d'un* Dictionnaire allemand.

Fidèles au contenu des contes rassemblés, c'est surtout sur leur style que le travail des frères Grimm s'est porté: la fraîcheur de la langue et la vivacité des dialogues illustrent ici, dans «Jean le veinard», leur grand talent d'écrivain et leur habileté à mettre en valeur la trame de l'intrigue.

Bibliographie sélective

Jakob Grimm:
• *Grammaire allemande* (1819-1837)
• *Dictionnaire allemand* (trois premiers tomes 1854-1862)

Wilhelm Grimm:
• *Contes de l'enfance et du foyer* (1812-1815), contes
• *Légendes allemandes* (1816-1818), légendes

1   Quand Jean eut servi son maître pendant sept ans, il lui dit:
«Maître, mon temps est fait, je voudrais bien m'en retourner chez ma
mère, donnez-moi mon salaire.» Le maître répondit: «Tu m'as servi
fidèlement et honnêtement, tel service, tel salaire», et il lui donna un
5   lingot d'or qui était aussi gros que la tête de Jean. Celui-ci tira son
mouchoir de sa poche, y enveloppa le lingot, le mit sur son épaule et prit
le chemin du retour. Comme il cheminait ainsi, mettant toujours un pied
devant l'autre, il aperçut un cavalier qui, dispos et joyeux, s'en venait
au trot sur un cheval fringant. «Ah, dit Jean à voix haute, quelle belle
10   chose que d'aller à cheval! On est assis comme sur une chaise, on ne se
cogne pas aux pierres, on économise ses chaussures et on avance sans
s'en apercevoir.» Le cavalier, qui l'avait entendu, s'arrêta et lui cria:
«Alors nigaud, pourquoi vas-tu à pied? — Je suis bien obligé, répon-
dit-il, j'ai là un lingot à porter chez moi; il est vrai qu'il est en or, mais
15   il me force à courber la tête, et puis il m'écrase l'épaule! — J'ai une
idée, dit le cavalier, nous allons faire un échange, je te donne mon cheval
et tu me donnes ton lingot. — De tout coeur, dit Jean, mais je vous en
avertis, il faudra vous traîner avec.» Le cavalier mit pied à terre, prit l'or,
aida Jean à monter, lui mit les guides entre les mains et lui dit: «Si tu veux

que ça aille très vite, tu n'as qu'à claquer de la langue et à crier hop!   1
hop!»

Jean fut ravi d'être sur le cheval et de trotter ainsi d'un air
dégagé. Au bout d'un petit moment, il lui vint à l'idée d'aller encore
plus vite, il se mit à claquer de la langue et à crier hop! hop! Le cheval   5
prit le galop, et sans avoir eu le temps de dire ouf, Jean se trouva
désarçonné et jeté dans le fossé qui séparait les champs de la grand-
route. Le cheval se serait sauvé s'il n'avait pas été arrêté par un paysan
qui marchait sur le chemin en poussant sa vache devant lui. Jean
rassembla ses membres et se remit sur ses jambes. Mais il était mécontent   10
et dit au paysan: «Aller à cheval est une mauvaise plaisanterie, surtout
quand on tombe sur une rosse comme celle-ci qui vous secoue et vous
jette par terre à vous faire rompre le cou; jamais plus je ne remonterai
là-dessus. Ah! parlez-moi de votre vache, on peut marcher tranquillement derrière et par-dessus le marché on a son lait, son beurre et du   15
fromage assurés tous les jours. Que ne donnerais-je pas pour une vache
comme ça! — Eh bien, si cela peut vous faire vraiment plaisir, je veux
bien échanger ma vache contre votre cheval.» Jean accepta avec joie; le
paysan enfourcha le cheval et s'en fut vivement.

Jean poussa tranquillement la vache devant lui en réfléchissant à   20
son heureux marché: «Pourvu que j'aie un morceau de pain, et je n'en
manquerai certainement pas, je pourrai manger du beurre et du fromage
avec, aussi souvent qu'il me plaira; si j'ai soif, je trairai ma vache et je
boirai du lait. Mon coeur, que demandes-tu de plus?» Quand il arriva
devant une auberge, il fit halte et dans son excès de joie, il mangea sans   25
rien laisser tout ce qu'il avait emporté, déjeuner et dîner, puis pour ses
derniers liards, il se fit servir un demi-verre de bière. Après quoi il
continua de conduire sa vache, toujours en direction du village maternel. Plus midi approchait, plus la chaleur devenait accablante, et Jean
se trouva dans une lande où il devrait bien marcher encore une heure.   30
Alors il eut tellement chaud que la soif lui colla la langue au palais. «La
chose n'est pas sans remède, pensa Jean, je vais traire ma vache et me
désaltérer avec son lait.» Il l'attacha à un arbre mort et comme il n'avait
pas de seau, il mit sous le pis sa casquette de cuir, mais en dépit de tous
ses efforts, pas une goutte de lait n'apparut. Et comme il s'y prenait   35
maladroitement, la bête impatiente lui décocha finalement un tel coup
sur la tête avec une de ses pattes de derrière qu'il s'abattit en titubant et
demeura un moment sans pouvoir se rappeler où il se trou-
vait. Heureusement un boucher s'en venait justement par le chemin,

1   avec un jeune cochon dans une brouette. «Vous en faites de belles!» s'écria-t-il en aidant le brave Jean à se relever. Jean lui raconta ce qui lui était arrivé. Le boucher lui tendit sa gourde et lui dit: «Buvez un coup et remettez-vous. La vache ne peut sans doute pas donner de lait, c'est

5   une vieille bête, bonne tout au plus pour la charrue ou l'abattoir. — Hé, hé, dit Jean en se passant la main dans les cheveux, qui eût dit cela! Certes, c'est bien agréable de pouvoir abattre une bête pareille à la maison, quelle viande cela donne! Mais je n'aime pas beaucoup la viande de boeuf, je ne la trouve pas assez succulente. Dame, si l'on avait

10   un jeune cochon comme celui-là! Ça vous a un autre goût, sans parler des saucisses. — Écoutez, Jean, dit alors le boucher, pour vous être agréable, je veux bien changer avec vous et vous laisser mon cochon contre votre vache. — Dieu vous récompense de votre obligeance!» dit Jean; il lui donna la vache, se fit délier le cochon de la brouette et mettre

15   en main la corde qui le ficelait.

        Jean continua son chemin en se disant que vraiment, tout tournait à souhait pour lui, que s'il lui arrivait un ennui il se trouvait aussitôt réparé. Peu après, un garçon se joignit à lui, qui portait sous son bras une belle oie blanche. Ils se dirent bonjour et Jean se mit à parler de sa

20   chance et de la façon si avantageuse dont il avait toujours fait ses marchés. Le garçon raconta qu'il allait porter son oie à un festin de baptême. «Soulevez-la un peu, ajouta-t-il en la prenant par les ailes, voyez comme elle est lourde, mais il faut dire aussi qu'on l'a gavée pendant huit semaines. Qui mordra dans le rôti devra s'essuyer la

25   graisse des deux côtés. — Oui, dit Jean en la soupesant d'une main, elle pèse son poids, mais mon cochon n'est pas mal non plus.» Cependant, le garçon jetait de tous côtés des regards inquiets en hochant la tête. Puis il dit: «Écoutez, il doit y avoir quelque chose de louche avec votre cochon. Au village d'où je viens, on en a volé un dans l'étable du

30   maire. Je crains que vous ne l'ayez là, à la main. Ils ont envoyé du monde à sa recherche, et ce serait une mauvaise affaire si on vous attrapait avec ce porc; le moins qui puisse vous arriver, c'est d'être jeté au cachot.» Le brave Jean fut pris de peur. «Ah mon Dieu, dit-il, tirez-moi d'embarras, vous vous y connaissez mieux que moi par ici, prenez

35   mon cochon et laissez-moi votre oie en échange. — Cela ne va pas sans risque, répondit le garçon, mais je ne veux pas non plus qu'il vous arrive malheur par ma faute.» Il prit donc la corde en main et emmena bien vite le cochon sur un petit chemin de traverse: quant au brave Jean, délivré de ses soucis, il partit en direction de son pays, son oie sous le bras. «En

y réfléchissant bien, se disait-il à lui-même, j'ai encore gagné au troc; 1
d'abord le bon rôti, puis la quantité de graisse qu'il rendra, ça me
donnera des tartines de graisse d'oie pour trois mois, et enfin les belles
plumes blanches, j'en ferai bourrer mon oreiller et là-dessus, je m'en-
dormirai bien sans qu'on me berce. Comme ma mère va être contente!» 5
    Quand il eut traversé le dernier village, il vit un rémouleur avec une
carriole, sa roue ronronnait et il l'accompagnait en chantant:
        Ciseaux, couteaux, je les repasse vivement
        Et je sais voir d'où vient le vent.
    Jean s'arrêta pour le regarder; enfin, il lui adressa la parole et dit:
«Vos affaires doivent bien marcher pour que vous soyez si gai en 10
travaillant. — Oui, répondit le repasseur, ce métier-là est une mine
d'or. Un vrai rémouleur est un homme qui trouve de l'argent dans sa
poche chaque fois qu'il fouille dedans. Mais où avez-vous acheté cette
belle oie? — Je ne l'ai pas achetée, mais reçue en échange de mon
cochon. — Et le cochon? — Je l'ai eu pour une vache. — Et la 15
vache? — Je l'ai eue pour un cheval. — Et le cheval? — Je l'ai eu en
échange d'un lingot d'or aussi grand que ma tête. — Et l'or? —- Hé,
c'était mon salaire pour sept ans de service. — Vous avez toujours su
vous débrouiller, dit le rémouleur, maintenant si vous trouvez un moyen
d'entendre l'argent sauter dans vos poches quand vous vous lèverez 20
chaque matin, votre fortune est faite. — Et comment dois-je m'y
prendre? demanda Jean. — Faites-vous rémouleur comme moi, il n'y
faut qu'une pierre à meule, le reste se trouve tout seul. En voilà une, il
est vrai qu'elle est un peu abîmée, mais je ne vous demanderai rien
d'autre en échange que votre oie; cela vous va? — Comment pouvez- 25
vous me le demander, répondit Jean, cela fait de moi l'homme le plus
heureux de la terre; si j'ai de l'argent chaque fois que je mets la main à
la poche, qu'ai-je besoin de me faire encore du souci?» Il lui tendit son
oie et reçut la meule. «Et maintenant, dit le rémouleur en soulevant une
grosse pierre ordinaire qui se trouvait à côté de lui, voilà encore par- 30
dessus le marché une pierre solide sur laquelle vous pourrez taper et
redresser vos vieux clous. Prenez-la et conservez-la soigneusement.»
    Jean se chargea de la pierre et continua sa route, le coeur content;
ses yeux brillaient de joie. «Je dois être né coiffé, s'écria-t-il, tout ce
que je souhaite se réalise comme si j'étais un enfant du diman- 35
che.» Cependant, comme il était sur ses jambes depuis le lever du jour,
il commença de sentir la fatigue, et puis la faim le tourmentait, car dans
sa joie d'avoir acquis la vache, il avait mangé toutes ses provisions d'un

1   seul coup. Pour finir, il eut de la peine à continuer et dut s'arrêter à
chaque instant; avec cela les pierres lui pesaient d'une façon
lamentable. Alors il ne put s'empêcher de penser qu'il serait bien
agréable de n'avoir pas à les porter juste en ce moment. Il se traîna
5   comme une limace jusqu'à un puits, pensant s'y reposer et se désaltérer
en buvant une gorgée d'eau fraîche; mais afin de ne pas abîmer les
pierres en s'asseyant, il les posa avec précaution sur la margelle du puits,
à côté de lui. Puis il s'assit et voulut se pencher pour boire, mais il les
heurta légèrement par inadvertance et les deux pierres tombèrent lour-
10   dement au fond. Après les avoir vues de ses propres yeux s'engouffrer
dans la profondeur du puits, Jean sauta de joie, puis, les larmes aux yeux,
il se mit à genoux et remercia Dieu de lui avoir fait cette nouvelle grâce
et, sans qu'il eût rien à se reprocher, de l'avoir débarrassé si gentiment
des lourdes pierres qui ne faisaient plus que le gêner. «Il n'est personne
15   d'aussi heureux que moi sous le soleil», s'écria-t-il. Puis, le coeur léger
et libre de tout fardeau, il s'en alla en gambadant jusque chez sa mère.

(Extrait de *Contes*,
Paris, © Gallimard, coll. «Folio», n° 840, 1976, 408 p.
Traduction de Marthe Robert.)

Exploitation

Compréhension de texte

A. *Lecture de survol*

1. Trouvez la bonne réponse. Si vous êtes *désarçonné(e)* (79,7), c'est que:
   a. vous avez reçu un coup sur la tête;
   b. vous êtes jeté à bas de la selle d'un cheval;
   c. vous entendez sonner les cloches.

2. Vérifiez le sens et l'étymologie du mot *rosse*. (79,12)

3. Trouvez le sens des expressions suivantes: *coiffer sainte Catherine; coiffer son mari; être coiffé de quelqu'un ou de quelque chose; être né coiffé* (81,34); *le premier chien coiffé.*

4. Relevez les homonymes de *puits*, donnez-en la nature et distinguez leur signification.

B. *Lecture annotée*

5. a. Donnez trois exemples de caractérisation sociale.
   b. Décrivez la situation financière de Jean.

6. a. Pourquoi, dans l'histoire, Jean se croit-il *né coiffé*? (81,34) Quel trait psychologique cela révèle-t-il? Prouvez à l'aide d'extraits.
   b. Quels autres traits de caractère décrivent le personnage?

7. Qualifiez les relations de Jean avec les personnages qu'il rencontre.

8. Combien d'étapes Jean franchit-il entre le moment où il quitte son maître et son arrivée chez sa mère?

9. a. Combien de temps Jean a-t-il travaillé chez son maître?
   b. Quelle est la durée de son trajet jusque chez sa mère?

10. Relevez les indications de lieu qui correspondent à l'itinéraire de Jean.

C. *Lecture de synthèse*

11. Expliquez le sens du titre.

12. Jean souhaite retourner chez sa mère «léger et libre de tout fardeau» et saisir la chance quand elle se présente. Comparez les adjuvants et les opposants qu'il rencontre sur sa route.

13. Trouvez dans le texte un extrait qui résume toute l'action.

14. a. À quelle époque pouvons-nous situer cette histoire? Donnez des indices.
    b. Recherchez dans un dictionnaire la signification symbolique du chiffre sept et trouvez son application dans le texte.

15. Expliquez que les lieux renvoient davantage aux étapes du cheminement psychologique de Jean qu'à des lieux physiques réels.

16. Ce conte renferme une morale. Laquelle?

17. Peut-on rencontrer aujourd'hui des Jean le veinard? Justifiez et nuancez votre réponse.

Étude approfondie

18. a. Une série de trocs compose l'action du récit. Découpez-la en épisodes et précisez les composantes de chacun.
    b. Quelle observation pouvez-vous tirer de la succession des épisodes?
    c. Comparez le salaire de Jean avec le fruit de son dernier échange.

19. a. À partir des épisodes du troc, complétez le schéma de la structure des événements.

    b. Expliquez pourquoi, dans l'état terminal, Jean est plus riche qu'au début.

20. L'ordre narratif s'appuie ici sur la causalité, car les étapes de l'action montrent un enchaînement de cause à effet. Précisez et justifiez la nature de cette causalité.

21. Quelle réflexion vous suggèrent les première et dernière phrases sur la structure du texte?

RECHERCHE ET CRÉATION

Guy de Maupassant, «Aux champs»

1. Montrez comment, à cette époque, s'exerce le pouvoir de la femme, autant dans la classe paysanne que dans la bourgeoisie. Diriez-vous qu'il en est autrement aujourd'hui? Expliquez votre point de vue.

2. Transposez l'épisode de la rencontre des d'Hubières et des Tuvache en style indirect. Notez les effets de cette transposition sur le rythme.

Grimm, «Jean le veinard»

3. Le texte «Jean le veinard» illustre le proverbe «Mieux vaut corps que biens». Développez sous forme de dissertation.

4. Placez Jean le veinard dans le contexte d'aujourd'hui. Tout en respectant la structure du récit, réécrivez les dialogues à partir de nouveaux personnages et de nouveaux objets de troc.

CHAPITRE 4

Le narrateur

APERÇU THÉORIQUE

Toute histoire est racontée. Il faut donc qu'il y ait quelqu'un qui la raconte (narrateur) et quelqu'un à qui on la raconte (narrataire). Très souvent, captivé par l'intrigue et les personnages, le lecteur ne porte guère attention à ce fait. Pourtant, que le narrateur soit étranger ou intégré à l'histoire, il joue un rôle fondamental dans la narration.

Aussi, dès la première phrase, le narrateur doit avoir choisi une perspective à partir de laquelle il racontera l'histoire: c'est ce qu'on appelle le point de vue de narration. Ce point de vue détermine, à son tour, le pronom de narration. Ainsi, si le narrateur choisit de se placer au-dessus de ses personnages, de manière à tout voir et à tout connaître, à entrer dans l'intimité d'un (champ restreint) ou de plusieurs personnages (champ large), il bénéficiera d'une vision omnisciente. En conséquence, il racontera l'histoire à la troisième personne: *il* ou *elle*. Par ailleurs, il peut s'identifier au héros et adopter une vision subjective, intérieure et forcément limitée à ce que connaît le protagoniste; il racontera alors au *je*.

Soulignons enfin quelques cas moins fréquents: la narration au *je*, narrateur témoin, la vision extérieure neutre et la narration au *vous* ou *tu*. Dans cette variante de la narration au *je*, c'est le personnage secondaire qui raconte l'histoire du héros, à partir d'une vision subjective. Dans la vision extérieure neutre, le rôle du narrateur se restreint à celui d'un témoin objectif, extérieur au récit et qui raconte au *il* ou *elle*. Finalement, la narration au *vous* ou *tu* introduit une distanciation; la vision se veut alors extérieure tout en permettant de pénétrer dans la conscience du protagoniste.

Parfois, un récit donne naissance à un ou plusieurs autres récits, ce qui entraîne la multiplication des narrateurs. Ces récits enchâssés, juxtaposés ou enchaînés sont alors l'objet de relais de narration.

Il faut noter aussi que le narrateur peut se manifester explicitement dans la narration en s'adressant directement au narrataire (fonction de communication), en affirmant la véracité de l'histoire (fonction d'attestation), en régissant le déroulement de l'action (fonction de régulation) ou en expliquant et critiquant certaines données du texte (fonction idéologique).

Ajoutons quelques remarques sur le narrataire. Il s'agit du destinataire implicite ou explicite du récit. Dans l'éventualité d'un narrataire explicite (dont la présence se manifeste dans le récit), il peut coïncider avec le protagoniste ou un personnage secondaire ou encore désigner le lecteur virtuel du texte.

Giovanni Boccaccio
(1313-1375)
Italie

Le faucon

Giovanni Boccaccio

En dépit de la légende qui le fait naître à Paris, Giovanni Boccaccio, fils illégitime d'un marchand toscan, a vu le jour vraisemblablement à Florence ou à Certaldo. Adolescent, il est envoyé par son père à Naples pour parfaire son apprentissage. Cependant, peu enclin au commerce, il se consacre davantage à la littérature et aux belles femmes. Il réussit à s'introduire dans la société aristocratique et se prend d'une grande passion pour une dame de la cour qu'il immortalisera sous le nom de Fiammette, «la petite flamme». Rentré à Florence en 1341, il s'adonne à l'écriture et aux travaux philologiques. Sa collaboration avec Pétrarque, dès 1350, l'associe à l'humanisme naissant. Il meurt en 1375 à Certaldo.

Ses premières oeuvres correspondent au séjour napolitain. Romans et poèmes, inspirés surtout par Fiammette, annoncent déjà le réalisme psychologique et social qui caractérise son chef-d'oeuvre, Le Décaméron (1348-1353). Remarquable par la rigueur et l'équilibre de sa composition, ce livre comprend cent nouvelles que racontent en dix jours sept jeunes femmes et trois jeunes hommes. Chacun, à tour de rôle, est nommé Roi ou Reine du jour et propose un thème relié à l'amour, à partir duquel les dix personnages raconteront une histoire.

«Le faucon» est la neuvième nouvelle de la Cinquième Journée. Cette fois, les aventures tragiques des amoureux connaissent un dénouement heureux. Fiammette, Reine du jour, raconte cette histoire qu'elle tient de Coppo di Borghese. Chaque composante mériterait une étude approfondie, mais le narrateur retient davantage l'attention.

Bibliographie sélective

• Il Filocolo (Les Travaux d'amour) (1336), roman
• L'Elegia di madonna Fiammetta (1343-1344), roman
• Le Décaméron (1348-1353), nouvelles

Frédéric d'Alberighi aime, sans être payé de retour. Il dépense tout son bien, 1
pour témoigner de son faste. Il ne lui reste plus qu'un seul faucon. N'ayant rien
d'autre, il offre cet oiseau, en guise de repas, à la dame de son coeur, qui est venue
chez lui. La dame s'en rend compte, change de disposition à son égard, le prend
comme mari, et fait sa fortune. 5

*F*ilomène avait déjà fait silence, et le seul Dionée, fort de son
privilège, n'avait pas encore parlé. La reine eut un joyeux sourire.

— À mon tour, dit-elle, je parlerai avec joie, mes très chères
amies, et dans l'esprit, ou peu s'en faut, de la nouvelle précédente. Je 10
tiens à vous montrer tout ce que peut votre charme sur les coeurs gentils.
Mais ce n'est pas tout: je vous apprendrai à dispenser vous-mêmes vos
dons quand l'occasion s'en présente, plutôt que de laisser à la Fortune
toute initiative de cet ordre. Faute de discernement, la Fortune, c'est la
loi, est le plus souvent d'une générosité sans limite. 15

Dans notre cité, vous le savez, je pense, vivait, et vit peut-être
encore, Coppo di Borghese Domenichi, cet homme qui force le respect,
et dont l'autorité est si haute de nos jours. Ses moeurs et ses vertus, bien
plus que sa noblesse, lui donnent à jamais gloire et célébrité. Déjà
chargé d'années, il prenait souvent son plaisir à évoquer le passé devant 20

1 un cercle de voisins ou d'amis. C'est un genre où il excellait, ayant plus de méthode que personne, plus de mémoire, une langue plus châtiée. Entre autres jolies histoires, il contait souvent celle d'un jeune florentin, du nom de Frédéric, fils du seigneur Filippo Alberighi.

5 Les prouesses et la distinction de Frédéric faisaient de lui le chevalier le plus en vue de la Toscane. Comme on doit s'y attendre de la part d'un gentilhomme, il s'éprit d'une noble dame, Madame Giovanna, qu'on mettait au rang des plus belles et des plus élégantes de la société florentine. Pour conquérir son amour, il fréquentait joutes et tournois,

10 donnait des fêtes, faisait des cadeaux, et semait tout son bien sans la moindre retenue. Mais la dame, aussi vertueuse que belle, n'avait cure ni des efforts prodigués pour elle, ni de leur auteur.

Sans rien obtenir, Frédéric dépensait fort au-delà de ses moyens. C'était fatal: l'argent lui manqua. Il resta pauvre et n'eut pour tout

15 capital qu'une petite propriété, dont le rapport lui permettait de vivre chichement. Il possédait aussi un faucon, un des plus remarquables qu'on pût voir. Plus amoureux que jamais, mais jugeant que, malgré ses désirs, il ne pouvait plus rester à la ville, il se retira à Campi, où il avait sa maison. C'est là que, sans jamais solliciter personne, il endurait en

20 patience la pauvreté, s'adonnant, quand il pouvait, à la chasse aux oiseaux.

Frédéric était donc réduit à une extrême misère, quand le mari de Giovanna, un beau jour, tomba malade. Voyant son heure approcher, il fit son testament. Il était fort riche et institua comme légataire son fils,

25 garçonnet déjà grand. Mais il avait passionnément aimé Giovanna, et la désigna en seconde ligne, au cas où l'enfant viendrait à disparaître sans héritier légitime. Puis notre homme mourut.

Giovanna restait veuve. À la saison d'été, selon la coutume suivie chez nous par les dames, elle se rendait à la campagne avec son fils. Son

30 domaine n'était pas loin de la maison de Frédéric. Le jeune garçon commença de fréquenter chez son voisin et de faire son délice des chiens et des oiseaux. Il avait vu maintes fois voler le fameux faucon, qui lui plaisait étrangement et qui était l'objet de son plus vif désir. Il n'osait pourtant le demander, comprenant à quel point Frédéric tenait à l'oiseau.

35 À son tour, l'enfant tomba malade. Pleine d'une douloureuse inquiétude, car elle n'avait que lui et le chérissait de tout son amour, Giovanna n'abandonnait pas son chevet, et lui prodiguait tout réconfort; elle lui demandait fréquemment s'il avait quelque souhait à formuler, et le suppliait de parler, disant qu'elle ne manquerait pas de tout faire pour

contenter un désir raisonnable.   1

Le jeune garçon, qui avait maintes fois entendu cette offre, dit enfin:

— Ma mère, si vous me faites obtenir le faucon de Frédéric, je crois que je serai vite guéri.   5

À ces mots, la dame resta quelque temps pensive, se demandant quel parti prendre. Elle savait que Frédéric l'avait longtemps aimée, sans jamais obtenir d'elle un seul regard de complaisance. Comment, se disait-elle, lui faire demander ou lui demander moi-même un faucon, le meilleur qui ait jamais pris son vol, à ce que j'ai entendu, un faucon,   10
d'autre part, qui le fait vivre? Comment donc montrer assez d'inconscience pour vouloir priver un gentilhomme du seul moyen qu'il ait gardé de se distraire? Bien que très sûre de voir sa demande agréée, de telles réflexions la laissaient en suspens. Elle ne savait que dire et ne répondait rien à son fils. Mais l'amour maternel est enfin victorieux.   15
Pour contenter l'enfant, elle résolut, quoi qu'il advînt, non d'écrire, mais d'aller en personne chercher l'oiseau et de le rapporter au malade.

— Courage, mon enfant, répondit-elle, fais un effort pour guérir; je te le promets: je n'aurai rien de plus pressé, demain matin, que d'aller chercher le faucon pour te l'apporter.   20

L'enfant s'en réjouit, et son état, le jour même, parut s'améliorer.

Le lendemain matin, escortée d'une amie, et prenant son pas de promenade, la dame se rendit à la petite maison de Frédéric, et le fit demander.

Depuis quelques jours, le temps n'était pas propice à la chasse.   25
Frédéric était dans son jardin à surveiller quelques aménagements. Quand il apprit que Giovanna le demandait à la porte, il fut très surpris, mais s'empressa joyeusement. Giovanna le voit venir, se dresse, se porte à sa rencontre avec la courtoisie qui sied aux grandes dames, et répond à son respectueux salut: 30

— Bonjour, Frédéric.

Elle continue:

— Je suis venue compenser les pertes que tu as subies par excès d'amour envers moi. Et voici le dédommagement que je t'offre: cette amie et moi-même, en toute simplicité, nous partagerons ce matin ton   35
repas.

Frédéric répondit humblement:

— Madame, je n'ai point souvenir d'avoir subi de votre part nul dommage; vous m'avez fait, au contraire, tant de bien que, si j'ai eu

1   parfois quelque prix, je le dois à votre valeur et à l'amour que je vous
ai porté. N'ayez aucun doute: je ne changerais pas la faveur dont témoigne votre venue contre le pouvoir de recommencer toutes mes dé-
penses d'autrefois. Mais c'est un homme pauvre qui vous offre l'hos-
5   pitalité.

Sur ce, il accueillit Giovanna dans sa maison, en lui marquant le
plus grand respect, et de là la conduisit au jardin. Mais quelle société
offrir à sa visiteuse?

— Madame, je n'ai personne. Cette brave dame, ma fermière,
10   restera avec vous, le temps de faire dresser la table.

Bien que sa pauvreté fût extrême, Frédéric n'avait pas encore senti
au plus juste à quel dénuement le réduisait le gaspillage inconsidéré de
ses biens. Mais, ce matin, ne trouvant rien pour honorer la dame, dont
l'amour lui avait fait honorer tant d'inconnus, il en eut pleinement
15   conscience. Son affolement dépasse toute mesure; il maudit à part lui
son destin, et, comme un dément, court de tout côté sans trouver ni
argent, ni rien à mettre en gage. Cependant l'heure presse. Il a grand
désir de traiter, comme il sied, la noble dame. Mais il ne veut solliciter
personne, pas même son laboureur. Alors se présente à ses yeux le bon
20   faucon sur le barreau de sa cage. N'ayant point d'autre ressource, il le
prend, le trouve gras à point: c'est un mets digne d'une si grande dame!
Sans plus réfléchir, il l'étrangle, le fait rapidement plumer et trousser par
la servante, puis mettre à la broche et rôtir en toute hâte. On dresse la
table, pour laquelle il reste encore quelqu'une des nappes les plus
25   blanches. Le visage rasséréné, il revient au jardin près de la dame, et lui
annonce qu'on a préparé le repas qu'on pouvait lui offrir. La dame et son
amie se lèvent donc pour prendre place à table. Sans savoir quel était
le menu, et servies par Frédéric, qui s'empressait le plus galamment du
monde, elles mangèrent avec lui le bon faucon.

30   Le repas terminé, les dames restèrent auprès de leur hôte, échan-
geant avec lui d'aimables propos. Il parut alors à Giovanna que c'était
le moment de dire l'objet de sa venue. Tournant un gracieux visage vers
Frédéric, elle commença de parler:

— Frédéric, si tu fais retour sur ta vie d'autrefois, et sur mon
35   honneur intransigeant, que tu as sans doute jugé dur et cruel, tu seras
surpris, je crois, de mes prétentions, en apprenant l'objet essentiel de ma
venue chez toi. Si tu avais ou si tu avais eu des enfants, tu saurais la
puissance de l'amour qu'on leur porte, et je suis certaine que tu
m'excuserais en partie. Or tu n'as pas d'enfants, mais moi j'en ai un, et

je ne puis me soustraire aux lois qui sont communes à toutes les mères. 1
Pour me plier à leur exigence, il me faut passer outre à ce qui est pour
moi le plaisir, la bienséance et le devoir. Je viens te demander un objet
qui t'est cher par-dessus tout. Tu as raison d'y tenir, car les rigueurs du
destin ne t'ont pas laissé d'autre plaisir, d'autre joie, d'autre consola- 5
tion. Ce que je demande, c'est ton faucon: mon fils s'en est si fort engoué
que, s'il me voit revenir les mains vides, sa maladie peut s'aggraver, au
risque d'une issue fatale. J'invoquerai donc non l'amour que tu me
portes, car il ne t'oblige à rien, mais cette noblesse de coeur qui, dans
la vie courtoise, ne trouvait de rivale chez personne. Qu'il te plaise de 10
me faire ce don! Puissé-je dire que j'ai sauvé de la sorte la vie de mon
enfant, et qu'il demeure à jamais ton obligé!

En entendant Giovanna formuler une demande qu'il savait ne
pouvoir satisfaire — ne lui avait-il pas offert à manger le faucon? —
Frédéric se mit à pleurer devant elle, avant de pouvoir répondre un seul 15
mot. La dame s'imagina d'abord que ces larmes exprimaient avant tout
la douleur d'un homme contraint à se séparer du bon faucon. Elle fut sur
le point de dire qu'elle ne voulait rien. Mais, se maîtrisant, elle attendit,
après les larmes, la réponse de Frédéric. Et celui-ci:

— Madame, depuis que Dieu a voulu faire de moi votre fidèle, la 20
Fortune me fut hostile sur bien des points, et j'ai dû me plaindre d'elle.
Mais qu'était-ce au prix de ses actuels méfaits? C'est désormais la
guerre entre nous. Dire que vous êtes venue dans cette pauvre maison
où vous n'aviez point daigné paraître au temps de sa splendeur! Dire que
vous désiriez un si mince cadeau, et que, par la faute du destin, je ne puis 25
vous satisfaire! Pourquoi, me demandez-vous? Je serai bref. En apprenant — et soyez-en bénie — que vous désiriez partager mon repas, je ne
considérai que votre condition et votre prix; j'estimai séant et digne de
vous, de vous honorer — dans la mesure du possible — en vous offrant
une nourriture meilleure que celle où les autres peuvent généralement 30
prétendre. En pensant à l'oiseau que vous me demandez et à l'excellence de sa chair, j'ai cru que c'était un mets digne de vous. Et ce matin,
vous l'avez eu, tout rôti et découpé, sur le plat que j'avais préparé de
mon mieux. Mais c'est d'une autre manière, je le vois, que vous le
désiriez. Et c'est pour moi une si grande douleur de ne pouvoir vous 35
l'offrir, que jamais je ne saurai m'en consoler.

À ces mots, et comme preuve de ce qu'il avançait, Frédéric fit jeter
aux pieds de la dame les plumes, les pattes et le bec de l'oiseau.

Giovanna, qui avait vu et entendu, commença par le blâmer d'avoir

1   tué, pour le déjeuner d'une femme, son incomparable faucon. Puis elle
fit réflexion sur cette grandeur d'âme que la pauvreté n'avait pu et ne
pouvait émousser. Enfin, perdant tout espoir d'obtenir l'objet de sa
visite, et pleine d'anxiété sur la guérison de l'enfant, elle partit, le coeur
5   gros, retrouver son fils. Fut-ce le chagrin de ne pas avoir l'oiseau, fut-
ce le terme inéluctable de sa maladie, il ne s'écoula guère de jours que
l'enfant, laissant une mère inconsolée, ne rendît le dernier soupir.

Giovanna fut quelque temps la proie des larmes et de la désolation.
La voyant très riche et encore jeune, ses frères, à plusieurs reprises, lui
10   conseillèrent vivement de se remarier. Malgré ses refus, ils n'arrêtaient
pas de faire pression sur elle. Alors lui revint à l'esprit l'envergure
morale de Frédéric et la dernière preuve qu'il avait donnée de sa haute
valeur, en tuant un si beau faucon pour la recevoir dignement. Elle dit
à ses frères:

15   — Avec votre agrément, je resterais volontiers comme je suis.
Mais s'il vous plaît que je prenne un mari, je n'en prendrai jamais
d'autre que Frédéric d'Alberighi.

Ses frères se gaussèrent d'elle.

— Folle, que dis-tu là? comment veux-tu d'un homme qui n'a pas
20   un sou vaillant?

— Mes frères, je n'ignore point qu'il en est ainsi. Mais je préfère
un homme qui ait besoin de richesses à des richesses qui aient besoin
d'un homme.

Comprenant la pensée de leur soeur, et sachant que le chevalier,
25   malgré sa pauvreté, était un personnage de mérite, les frères se
conformèrent à ce désir. Ils accordèrent à Frédéric la main et tous les
biens de Giovanna. Frédéric se vit donc le mari d'une dame qu'il avait
follement aimée. Devenu fort riche, de surcroît, il sut mieux que par le
passé gérer ses biens, et vécut heureux avec sa femme, jusqu'au terme
30   de ses années.

(Extrait de *Le Décameron*,
Paris, © Bordas, coll. «Classiques Garnier», 1988, 724 p.
Traduction de Jean Bourciez.)

Exploitation

Compréhension de texte

A. Lecture de survol

1. Certaines expressions du texte appartiennent à un style plutôt désuet, mais raffiné. Donnez la signification contextuelle des extraits suivants, en les transposant en langage moderne. Expliquez les différences s'il y a lieu.
   a. «Le jeune garçon commença de fréquenter chez son voisin et de faire son délice des chiens et des oiseaux.» (94,30)
   b. « [...] courtoisie qui sied [...]» (95,29)
   c. « [...] quelle société offrir [...]» (96,7)
   d. « [...] estimer séant et digne de vous [...]» (97,28)
   e. « [...] un homme qui n'a pas un sou vaillant?» (98,19)

2. Distinguez dans le texte le sens de «fortune» (93,5) et de «Fortune» (93,13).

3. Que signifient les expressions suivantes: *peu s'en faut* (93,10), *faute de discernement* (93,14), *avoir cure* (94,11), *à part lui* (96,15), *passer outre* (97,2).

4. Situez la langue *châtiée* (94,2) parmi les autres niveaux de langue.

5. Quel sort fait-on subir à un oiseau qu'on trousse? (96,22)

6. *S'engouer* (97,6) de quelqu'un est bien différent de s'en *gausser* (98,18). Expliquez.

B. Lecture annotée

7. Quelle place occupent respectivement, dans la société florentine, Frédéric Alberighi et Madame Giovanna? Prouvez à l'aide de citations.

8. À l'aide d'extraits, décrivez l'état civil et la situation financière de Frédéric et de Giovanna, au début et à la fin du texte.

9. a. Rassemblez les citations qui permettent de tracer le portrait psychologique de Giovanna.
   b. Précisez les traits dominants de la personnalité de Frédéric, et les sentiments qu'il éprouve en dehors de l'amour. Justifiez à l'aide du texte.

10. a. Quels passages montrent que Frédéric est très épris de Madame Giovanna?
    b. Giovanna ne partage pas les sentiments de Frédéric. Comment s'exprime ce refus? Pourquoi finalement acceptera-t-elle de l'épouser?

11. a. Découpez les épisodes de l'aventure amoureuse du chevalier et de la dame.
    b. Sur quels éléments de l'intrigue l'auteur insiste-t-il dans le résumé qui précède l'histoire?

12. Qui raconte l'histoire?

13. À quel siècle se déroule l'action?

14. Où se déroule l'action: villes, région, pays?

15. De quel sujet traite cette nouvelle?

C. *Lecture de synthèse*

16. Établissez le lien entre le titre et le thème.

17. Classez les personnages par ordre d'importance.

18. Dégagez le schéma actantiel de cette histoire.

19. Dans l'état initial, Frédéric aime Giovanna, alors que l'état terminal indique qu'ils furent heureux et riches. Quels événements correspondent aux étapes de la provocation, de l'action et de la sanction?

20. Quelles observations suggèrent les indications spatio-temporelles fournies par le récit?

21. Montrez que les moeurs décrites reflètent bien leur époque.

22. Mettez en évidence la configuration thématique.

23. Quel rôle joue l'argent dans ce récit?

24. Quelle morale pouvez-vous tirer de cette histoire?

25. «Le faucon» se classe parmi les nouvelles. Pourquoi?

Étude approfondie: le narrateur

26. «Le faucon» s'insère, avec d'autres nouvelles, dans un cadre narratif plus large, *Le Décaméron.* Il présente donc des particularités quant à la voix narrative, qu'on nomme relais de narration.
    a. Dans les quatre premiers paragraphes du «faucon» (93,1- 94,4), qui parle et quelles informations nous sont livrées?
    b. Quel point de vue de narration adopte la narratrice?
    c. Spécifiez les indices qui le révèlent. Illustrez à l'aide de citations pertinentes.

27. À quel type de narrataire s'adresse la narratrice? Prouvez à l'aide de citations.

28. La narratrice intervient à plusieurs reprises dans le récit. Quelles fonctions exerce-t-elle? Justifiez votre réponse par des références au texte.

Edgar Allan Poe
(1809-1849)
États-Unis

Le coeur révélateur

Edgar Allan Poe

Edgar Poe est né le 19 janvier 1809, à Boston, d'un couple d'acteurs ambulants. Il est adopté à l'âge de deux ans par John Allan, riche marchand de Richmond (Virginie), ville qu'il quitte en 1827. Il commence alors une vie d'errance où, malgré les succès remportés par certaines de ses publications, il connaît surtout la pauvreté, l'alcool et la drogue. Rédacteur et critique pour différents magazines à Richmond, Philadelphie, New-York, il vit d'expédients. En 1836, il épouse sa cousine, Virginia Clemm, qui meurt en 1847. À cette époque, Edgar Poe a atteint le sommet de sa célébrité; il est un conférencier très en demande et devient même, pour un temps, propriétaire du Broadway Journal *(1845). Cependant, endetté, miné par l'alcool, il meurt en 1849 à Baltimore d'une crise de delirium tremens.*

Authentiquement américaine, son oeuvre présente une remarquable unité de pensée à travers la diversité des formes. Les poèmes d'inspiration lyrique développent une symbolique très riche, tandis que les contes fantastiques explorent les frontières de la peur et de la mort. Quant aux récits déductifs, à l'origine du roman policier, ils témoignent de la même fascination pour l'esprit humain. Enfin, les essais livrent l'esthétique d'Edgar Poe, ses théories sur l'art, l'imaginaire et la poésie.

«Le coeur révélateur» paraît en 1842, dans The United States Saturday Post *de Philadelphie, sous le titre «The Tell-Tale Heart». Traduit par Baudelaire, il s'intègre au recueil* Nouvelles histoires extraordinaires, *en 1857. Comme dans «Le chat noir», le héros est rongé par une obsession qui le conduit au crime et à l'autodestruction. Mais l'écriture encore plus resserrée ne laisse aucun répit au lecteur.*

Bibliographie sélective

• *Le Corbeau* (1845), poème
• *Tales* (1845), contes
• *Histoires extraordinaires* (1856), traduction de Baudelaire
• *Nouvelles histoires extraordinaires* (1857), traduction de Baudelaire

1    $\mathcal{V}$rai! — je suis très nerveux, épouvantablement nerveux, — je l'ai toujours été; mais pourquoi prétendez-vous que je suis fou? La maladie a aiguisé mes sens, — elle ne les a pas détruits, — elle ne les a pas émoussés. Plus que tous les autres, j'avais le sens de l'ouïe très

5   fin. J'ai entendu toutes choses du ciel et de la terre. J'ai entendu bien des choses de l'enfer. Comment donc suis-je fou? Attention! Et observez avec quelle santé, — avec quel calme je puis vous raconter toute l'histoire.

Il est impossible de dire comment l'idée entra primitivement dans

10   ma cervelle; mais, une fois conçue, elle me hanta nuit et jour. D'objet, il n'y en avait pas. La passion n'y était pour rien. J'aimais le vieux bonhomme. Il ne m'avait jamais fait de mal. Il ne m'avait jamais insulté. De son or je n'avais aucune envie. Je crois que c'était son oeil! Oui, c'était cela! Un de ses yeux ressemblait à celui d'un vautour, — un oeil

15   bleu pâle, avec une taie dessus. Chaque fois que cet oeil tombait sur moi, mon sang se glaçait; et ainsi, lentement, — par degrés, — je me mis en tête d'arracher la vie du vieillard, et par ce moyen de me délivrer de l'oeil à tout jamais.

Maintenant, voici le hic! Vous me croyez fou. Les fous ne savent

rien de rien. Mais si vous m'aviez vu! Si vous aviez vu avec quelle   1
sagesse je procédai! — avec quelle précaution, — avec quelle prévoyance, — avec quelle dissimulation je me mis à l'oeuvre! Je ne fus
jamais plus aimable pour le vieux que pendant la semaine entière qui
précéda le meurtre. Et chaque nuit, vers minuit, je tournais le loquet de   5
sa porte, et je l'ouvrais, — oh! si doucement! Et alors, quand je l'avais
suffisamment entrebâillée pour ma tête, j'introduisais une lanterne
sourde, bien fermée, bien fermée, ne laissant filtrer aucune lumière; puis
je passais la tête. Oh! vous auriez ri de voir avec quelle adresse je passais
ma tête! Je la mouvais lentement, — très, très lentement, — de manière   10
à ne pas troubler le sommeil du vieillard. Il me fallait bien une heure
pour introduire toute ma tête à travers l'ouverture, assez avant pour le
voir couché sur son lit. Ah! un fou aurait-il été aussi prudent? — Et alors,
quand ma tête était bien dans la chambre, j'ouvrais la lanterne avec
précaution, — oh! avec quelle précaution, avec quelle précaution! —   15
car la charnière criait. — Je l'ouvrais juste assez pour qu'un filet im-
perceptible de lumière tombât sur l'oeil de vautour. Et cela, je l'ai fait
pendant sept longues nuits, — chaque nuit, juste à minuit; — mais je
trouvai toujours l'oeil fermé; et ainsi il me fut impossible d'accomplir
l'oeuvre; car ce n'était pas le vieil homme qui me vexait, mais son   20
Mauvais Oeil. Et chaque matin, quand le jour paraissait, j'entrais
hardiment dans sa chambre, je lui parlais courageusement, l'appelant
par son nom d'un ton cordial, et m'informant comment il avait passé la
nuit. Ainsi, vous voyez qu'il eût été un vieillard bien profond, en vérité,
s'il avait soupçonné que chaque nuit, juste à minuit, je l'examinais   25
pendant son sommeil.

La huitième nuit, je mis encore plus de précaution à ouvrir la
porte. La petite aiguille d'une montre se meut plus vite que ne faisait ma
main. Jamais, avant cette nuit, je n'avais senti toute l'étendue de mes
facultés, — de ma sagacité. Je pouvais à peine contenir mes sensations   30
de triomphe. Penser que j'étais là, ouvrant la porte, petit à petit, et qu'il
ne rêvait même pas de mes actions ou de mes pensées secrètes! À cette
idée, je lâchai un petit rire; et peut-être m'entendit-il; car il remua
soudainement sur son lit, comme s'il se réveillait. Maintenant, vous
croyez peut-être que je me retirai, — mais non. Sa chambre était aussi   35
noire que de la poix, tant les ténèbres étaient épaisses, — car les volets
étaient soigneusement fermés, de crainte des voleurs, — et, sachant
qu'il ne pouvait pas voir l'entrebâillement de la porte, je continuai à la
pousser davantage, toujours davantage.

1   J'avais passé ma tête, et j'étais au moment d'ouvrir la lanterne,
quand mon pouce glissa sur la fermeture de fer-blanc, et le vieil homme
se dressa sur son lit, criant: — Qui est là?
      Je restai complètement immobile et ne dis rien. Pendant une heure
5   entière, je ne remuai pas un muscle, et pendant tout ce temps je ne
l'entendis pas se recoucher. Il était toujours sur son séant, aux écoutes;
— juste comme j'avais fait pendant des nuits entières, écoutant les
horloges-de-mort[1] dans le mur. Mais voilà que j'entendis un faible gémissement, et je reconnus que c'était le gémissement d'une terreur
10 mortelle. Ce n'était pas un gémissement de douleur ou de chagrin; —
oh! non, — c'était le bruit sourd et étouffé qui s'élève du fond d'une âme
surchargée d'effroi. Je connaissais bien ce bruit. Bien des nuits, à minuit
juste, pendant que le monde entier dormait, il avait jailli de mon propre
sein, creusant avec son terrible écho les terreurs qui me travaillaient. Je
15 dis que je le connaissais bien. Je savais ce qu'éprouvait le vieil homme,
et j'avais pitié de lui, quoique j'eusse le rire dans le coeur. Je savais qu'il
était resté éveillé, depuis le premier petit bruit, quand il s'était retourné
dans son lit. Ses craintes avaient toujours été grossissant. Il avait tâché
de se persuader qu'elles étaient sans cause; mais il n'avait pas pu. Il
20 s'était dit à lui-même: — Ce n'est rien, que le vent dans la cheminée; —
ce n'est qu'une souris qui traverse le parquet; — ou: c'est simplement
un grillon qui a poussé son cri. — Oui, il s'est efforcé de se fortifier avec
ces hypothèses; mais tout cela a été vain. *Tout a été vain*, parce que la
Mort qui s'approchait avait passé devant lui avec sa grande ombre noire,
25 et qu'elle avait ainsi enveloppé sa victime. Et c'était l'influence funèbre
de l'ombre inaperçue qui lui faisait sentir, — quoiqu'il ne vît et
n'entendît rien, — qui lui faisait *sentir* la présence de ma tête dans la
chambre.
      Quand j'eus attendu un long temps, très patiemment, sans l'enten-
30 dre se recoucher, je me résolus à entrouvrir un peu la lanterne, — mais
si peu, si peu que rien. Je l'ouvris donc, — si furtivement, si furtivement
que vous ne sauriez l'imaginer, — jusqu'à ce qu'enfin un seul rayon
pâle, comme un fil d'araignée, s'élançât de la fente et s'abattît sur l'oeil
de vautour.
35   Il était ouvert, — tout grand ouvert, — et j'entrai en fureur aussitôt

---

1. Horloge de la mort. Nom vulgaire des vrillettes (coléoptères du genre *anobium*), en
raison du bruit régulier qu'elles font en attaquant le bois des meubles. (*Larousse du
XXe siècle*)

que je l'eus regardé. Je le vis avec une parfaite netteté, — tout entier   1
d'un bleu terne et recouvert d'un voile hideux qui glaçait la moelle dans
mes os; mais je ne pouvais voir que cela de la face ou de la personne du
vieillard; car j'avais dirigé le rayon, comme par instinct, précisément
sur la place maudite.   5
    Et maintenant, ne vous ai-je pas dit que ce que vous preniez pour
de la folie n'est qu'une hyperacuité des sens? — Maintenant, je vous le
dis, un bruit sourd, étouffé, fréquent, vint à mes oreilles, semblable à
celui que fait une montre enveloppée dans du coton. *Ce son-là*, je le
reconnus bien aussi. C'était le battement du coeur du vieux. Il accrut ma   10
fureur, comme le battement du tambour exaspère le courage du soldat.
    Mais je me contins encore, et je restai sans bouger. Je respirais à
peine. Je tenais la lanterne immobile. Je m'appliquais à maintenir le
rayon droit sur l'oeil. En même temps, la charge infernale du coeur
battait plus fort; elle devenait de plus en plus précipitée, et à chaque   15
instant de plus en plus haute. La terreur du vieillard *devait* être extrême!
Ce battement, dis-je, devenait de plus en plus fort à chaque minute! —
Me suivez-vous bien? Je vous ai dit que j'étais nerveux; je le suis en
effet. Et maintenant, au plein coeur de la nuit, parmi le silence redou-
table de cette vieille maison, un si étrange bruit jeta en moi une terreur   20
irrésistible. Pendant quelques minutes encore je me contins et restai
calme. Mais le battement devenait toujours plus fort, toujours plus fort!
Je croyais que le coeur allait crever. Et voilà qu'une nouvelle angoisse
s'empara de moi: — le bruit pouvait être entendu par un voisin! L'heure
du vieillard était venue! Avec un grand hurlement, j'ouvris brusque-   25
ment la lanterne et m'élançai dans la chambre. Il ne poussa qu'un cri,
— un seul. En un instant je le précipitai sur le parquet, et je renversai sur
lui tout le poids écrasant du lit. Alors je souris avec bonheur, voyant ma
besogne fort avancée. Mais, pendant quelques minutes, le coeur battit
avec un son voilé. Cela toutefois ne me tourmenta pas; on ne pouvait   30
l'entendre à travers le mur. À la longue il cessa. Le vieux était mort. Je
relevai le lit, et j'examinai le corps. Oui, il était raide, raide mort. Je
plaçai ma main sur le coeur, et l'y maintins plusieurs minutes. Aucune
pulsation. Il était raide mort. Son oeil désormais ne me tourmenterait
plus.   35
    Si vous persistez à me croire fou, cette croyance s'évanouira quand
je vous décrirai les sages précautions que j'employai pour dissimuler le
cadavre. La nuit avançait, et je travaillai vivement, mais en silence. Je
coupai la tête, puis les bras, puis les jambes.

1   Puis j'arrachai trois planches du parquet de la chambre, et je déposai le tout entre les voliges. Puis je replaçai les feuilles si habilement, si adroitement, qu'aucun oeil humain, — pas même *le sien*! — n'aurait pu y découvrir quelque chose de louche. Il n'y avait rien à laver, — pas

5   une souillure, — pas une tache de sang. J'avais été trop bien avisé pour cela. Un baquet avait tout absorbé, — ha! ha!

Quand j'eus fini tous ces travaux, il était quatre heures, — il faisait toujours aussi noir qu'à minuit. Pendant que le timbre sonnait l'heure, on frappa à la porte de la rue. Je descendis pour ouvrir avec un coeur

10   léger, — car qu'avais-je à craindre *maintenant*? Trois hommes entrèrent qui se présentèrent, avec une parfaite suavité, comme officiers de police. Un cri avait été entendu par un voisin pendant la nuit; cela avait éveillé le soupçon de quelque mauvais coup; une dénonciation avait été transmise au bureau de police, et ces messieurs (les officiers) avaient été

15   envoyés pour visiter les lieux.

Je souris, — car qu'avais-je à craindre? Je souhaitai la bienvenue à ces gentlemen. — Le cri, dis-je, c'était moi qui l'avais poussé dans un rêve. Le vieux bonhomme, ajoutai-je, était en voyage dans le pays. Je promenai mes visiteurs par toute la maison. Je les invitai à chercher, et

20   à *bien* chercher. À la fin je les conduisis dans *sa* chambre. Je leur montrai ses trésors, en parfaite sûreté, parfaitement en ordre. Dans l'enthousiasme de ma confiance, j'apportai des sièges dans la chambre, et les priai de s'y reposer de leur fatigue, tandis que moi-même, avec la folle audace d'un triomphe parfait, j'installai ma propre chaise sur l'endroit même

25   qui recouvrait le corps de la victime.

Les officiers étaient satisfaits. Mes manières les avaient convaincus. Je me sentais singulièrement à l'aise. Ils s'assirent, et ils causèrent de choses familières auxquelles je répondis gaiement. Mais, au bout de peu de temps, je sentis que je devenais pâle, et je souhaitai leur départ.

30   Ma tête me faisait mal, et il me semblait que les oreilles me tintaient; mais ils restaient toujours assis, et toujours ils causaient. Le tintement devint plus distinct; — il persista et devint encore plus distinct; je bavardai plus abondamment pour me débarrasser de cette sensation; mais elle tint bon, et prit un caractère tout à fait décidé, — tant qu'à la

35   fin je découvris que le bruit n'était pas dans mes oreilles.

Sans doute je devins alors très pâle; — mais je bavardais encore plus couramment et en haussant la voix. Le son augmentait toujours, — et que pouvais-je faire? C'était *un bruit sourd, étouffé, fréquent, ressemblant beaucoup à celui que ferait une montre enveloppée dans du*

coton. Je respirai laborieusement, — les officiers n'entendaient pas   1
encore. Je causai plus vite, — avec plus de véhémence; mais le bruit
croissait incessamment. — Je me levai, et je disputai sur des niaiseries,
dans un diapason très élevé et avec une violente gesticulation; mais le
bruit montait, montait toujours. — Pourquoi ne *voulaient-ils pas* s'en   5
aller? — J'arpentai çà et là le plancher lourdement et à grands pas,
comme exaspéré par les observations de mes contradicteurs; — mais le
bruit croissait régulièrement. Oh! Dieu! que pouvais-je faire? J'écu-
mais, — je battais la campagne, je jurais! J'agitais la chaise sur laquelle
j'étais assis, et je la faisais crier sur le parquet; mais le bruit dominait   10
toujours, et croissait indéfiniment. Il devenait plus fort, — plus fort! —
toujours plus fort! Et toujours les hommes causaient, plaisantaient et
souriaient. Était-il possible qu'ils n'entendissent pas? Dieu tout-puissant!
— Non, non! Ils entendaient! — ils soupçonnaient! — ils *savaient*, —
ils se faisaient un amusement de mon effroi! — je le crus, et je le crois   15
encore. Mais n'importe quoi était plus tolérable que cette dérision! Je ne
pouvais pas supporter plus longtemps ces hypocrites sourires! Je sentis
qu'il fallait crier ou mourir! — et maintenant encore, l'entendez-vous?
— écoutez! plus haut! — plus haut! — toujours plus haut! — *toujours
plus haut*!   20
        — Misérables! — m'écriai-je, — ne dissimulez pas plus long-
temps! J'avoue la chose! — arrachez ces planches! c'est là, c'est là! —
c'est le battement de son affreux coeur!

(Extrait de *Nouvelles histoires extraordinaires*.
Traduction de Charles Baudelaire.)

Exploitation

Compréhension de texte

A. *Lecture de survol*

1. Quelle est la signification du mot *émoussé* ? (104,4)
   a. Enlever la mousse;
   b. devenir moins aigu, moins vif;
   c. enlever l'écume à la surface d'un liquide.

2. Qu'est-ce qui caractérise une *lanterne sourde*? (105,7)

3. Relevez les homonymes de *poix* (105,36) et précisez leur signification.

4. Faites les fiches de vocabulaire des mots suivants: *sagacité* (105,30), *furtivement* (106,31), *hideux* (107,2), *voliges* (108,2), *suavité* (108,11), *véhémence* (109,2) et *dérision* (109,16).

B. *Lecture annotée*

5. Pour chacun des protagonistes, Edgar Poe met l'accent sur un trait physique particulier. Repérez, dans le texte, les citations qui permettent de les identifier.

6. a. Quels traits psychologiques dominent chez le narrateur? Trouvez un exemple pertinent pour chacun.
   b. Quelle émotion suscite chez le vieil homme l'entrée du narrateur dans sa chambre? Précisez à l'aide d'un passage significatif.

7. Décrivez la relation ambivalente qu'entretient le narrateur avec le vieillard? Illustrez votre réponse.

8. a. Quels mobiles poussent le narrateur à commettre le crime?
   b. Relevez les passages où s'exprime la frayeur du narrateur devant l'oeil du vieillard.

9. Le sens de l'ouïe revêt ici une importance capitale. Relevez toutes les références aux bruits.

10. a. Dégagez le schéma de la structure des événements.
    b. En combien d'étapes se déroule l'action?
    c. Qu'est-ce qui conduit le narrateur à avouer son crime?
    d. L'ordre de narration des événements correspond-il à l'ordre chronologique? Expliquez.

11. a. Combien de temps s'écoule-t-il entre la décision que prend le narrateur d'accomplir le crime et le crime lui-même?
    b. Cette période de temps recouvre-t-elle une signification particulière?
    c. À quelle heure le narrateur choisit-il de commettre le crime? Pourquoi, dans sa narration, y revient-il si souvent?
    d. L'accomplissement du meurtre dure combien de temps?
    e. Donnez deux exemples où s'exprime la dimension psychologique du temps.

12. a. Si vous aviez à en dessiner le plan, quels seraient les éléments du cadre de l'action?
    b. Quel outil sert à terroriser le vieillard?

C. *Lecture de synthèse*

13. a. Expliquez le qualificatif utilisé dans le titre.
    b. Le battement de coeur que le narrateur entend est-il réel ou imaginaire? Justifiez votre réponse à l'aide de citations.
    c. Établissez un parallèle entre l'intensité de l'action et le bruit croissant des battements du coeur.

14. a. Tracez le portrait psychologique de l'assassin.
    b. Montrez que le personnage du vieil homme se présente comme un écho, une projection du narrateur.

15. Résumez l'action en une phrase.

16. L'assassin raconte son histoire après les faits. Il s'ensuit un décalage dans le temps. (Voir chapitre 5.)
    a. Établissez le temps de fiction et le temps de narration.
    b. Quelle technique de décalage est utilisée ici?

17. Quel but vise l'auteur en évitant toute description détaillée des lieux?

18. a. Comment interprétez-vous l'interrogation suivante « — et maintenant encore, l'entendez-vous? — » (109,18), tirée du dernier paragraphe?
    b. Classez ce texte dans la catégorie qui convient en en précisant les caractéristiques.

19. a. Quel est le thème central du «Coeur révélateur»?
    b. Comment évolue-t-il?

Étude approfondie: le narrateur

20. a. Le narrateur de l'histoire et le héros sont-ils des personnages différents? Donnez une citation à l'appui.
    b. À quel pronom de narration est racontée l'histoire?
    c. Quel point de vue de narration est adopté dans le récit? Justifiez votre réponse.
    d. Ce point de vue permet-il de connaître ce que pense le vieil homme? Expliquez.

21. Identifiez la ou les fonctions du narrateur dans les extraits suivants:
    a. «Vrai! — je suis très nerveux, épouvantablement nerveux, — je l'ai toujours été; mais pourquoi prétendez-vous que je suis fou?» (104,1)
    b. «Vous me croyez fou.» (104,19)
    c. «Si vous aviez vu avec quelle sagesse je procédai! — avec quelle précaution, — avec quelle prévoyance, — avec quelle dissimulation je me mis à l'oeuvre.» (105,1)
    d. «Si vous persistez à me croire fou, cette croyance s'évanouira quand je vous décrirai les sages précautions que j'employai pour dissimuler le cadavre.» (107,36)

22. a. Quel est l'effet de la fonction de régulation dans le récit?
    b. Le narrateur emploie la fonction d'attestation quand il veut affirmer, hors de tout doute, l'authenticité et la véracité des faits qu'il raconte. Relevez des indices dans le texte (vocabulaire, tournures de phrases) qui manifestent cette fonction.
    c. Le narrateur emploie souvent, au cours de son récit, la fonction idéologique. De quelle nature sont alors les informations qu'il nous livre?

23. a. À quel type de narrataire s'adresse le narrateur?
    b. Quels sont les indices qui permettent d'identifier sa présence?
    c. Quel est son rôle dans l'action?

Michel Dufour
(1958-   )
Québec

Vous et l'ange

Michel Dufour

Né à Québec le 9 avril 1958, Michel Dufour a obtenu, à l'Université Laval, un baccalauréat en littérature québécoise (1981), et une maîtrise en création littéraire (1983). Il est actuellement professeur au Collège Mérici.

Jusqu'à maintenant, il s'est consacré à cette forme brève et dense du discours narratif qu'on nomme la nouvelle. Certaines ont paru dans des revues spécialisées comme Stop *et* XYZ, *d'autres ont été lues à la radio de Radio-Canada. Enfin, deux recueils sont édités à L'instant même,* Circuit fermé *en 1989 et* Passé la frontière *en 1991.*

«Vous et l'ange», tiré du dernier recueil, présente une grande originalité dans le traitement du thème et le choix du point de vue de narration. On remarque, en effet, avec quelle subtilité l'auteur passe du réel à l'imaginaire et avec quel doigté il s'immisce dans la conscience du personnage, tout en restant à l'extérieur.

Bibliographie sélective

- *Circuit fermé* (1989), nouvelles
- *Passé la frontière* (1991), nouvelles

À Suzy Turcotte

1   *V*ous avez entendu murmurer *je t'aime*, ressenti une vive émotion. On ne vous avait jamais dit ça. Puis le murmure s'est éteint. Ce
soir-là vous n'avez pas noté l'incident dans votre journal. Vous vous
êtes contentée d'écrire les mêmes platitudes que de coutume: «Aujour-
5   d'hui je me suis brûlé la langue en buvant du café.»

     Le murmure vous aime de nouveau. On aurait dit qu'il volait près
de votre oreille: vous auriez pu le prendre, oiseau à peine tombé du nid.
Vous avez fait semblant de l'attraper pour lui montrer que vous aviez
besoin de sa présence, mais il est allé se cacher derrière les rideaux.
10   Vous avez voulu le débusquer, le surprendre: il s'est enfui, laissant une
poussière blanche sur vos doigts. Mais vous l'aviez vu: c'était un ange.
Refusant de céder à l'émotion, vous avez écrit dans votre journal:
«Aujourd'hui je me suis mordu les lèvres en mangeant une pomme.»

     Vous êtes triste. Il ne se manifeste plus. Vous avez écrit cette phrase
15   tel un aveu: «Il y a un ange dans mes murmures.» Vous saviez que vous
ne pourriez plus tricher, que vous auriez droit à un interrogatoire de la
part du psychiatre. Vous lui avez tout raconté. Il vous a demandé,
comme il le fait souvent, de lui dire les mots qui vous venaient à l'esprit
quand vous pensiez à l'ange. Vous êtes restée sans voix. «Très bien,

puisque tu ne veux pas collaborer, je mets fin à notre entretien jusqu'à demain même heure.» Le pire, c'est qu'il n'avait pas du tout l'air fâché. Vous avez noté: «Aujourd'hui j'ai découvert que le psy ressemble à un rat.»

Vous ne dormiez pas. Vous pensiez à l'ange, quand il s'est posé sur votre ventre. Il vous a paru plus grand que d'habitude. Il s'est couché sur vous. Il était si chaud que vous brûliez. Mais vous n'aviez pas mal. «Aujourd'hui j'ai dû faire soigner des rougeurs partout sur mon corps.»

Le psychiatre croit que vous vous êtes volontairement infligé des brûlures. Vous lui avez répondu que c'était la faute de l'ange. Il a rétorqué qu'il en avait assez de tous vos faux-fuyants: il allait ordonner qu'on vous surveille davantage. Vous avez pleuré. C'est ce qu'il voulait.

L'ange a compris votre détresse sans que vous ayez à lui expliquer quoi que ce soit. Il ne vous laisse plus seule. Toutes les nuits il vous rend visite. Vous faites l'amour. Il ne vous brûle plus. Après il se love au creux de votre sexe, chuchote. Ça vous chatouille. Il vous raconte comment c'est dans son pays. Vous vous endormez, comblée. Le lit, au matin, est couvert de poussière blanche. C'est bon d'être habitée par un ange, songez-vous.

Vos parents sont venus. Ils vous ont trouvée changée. Ils ont essayé de vous parler de leur quotidien, de la famille. Vous les avez écoutés même si vous vous sentiez loin. «Je suis amoureuse d'un ange. Avec lui je ne cours aucun danger. Ne vous inquiétez pas, il veille sur moi», leur avez-vous dit. Votre mère s'est mise à sangloter, votre père a baissé la tête. Ils sont sortis sans vous embrasser.

Le psychiatre est fâché. Il prétend que vous tournez en rond: si ça continue ainsi, il devra sévir. Pour le rassurer, vous lui débitez toutes les obscénités imaginables, vous vous accusez même d'être une putain si ça peut lui faire plaisir. Ça ne le satisfait pas. Vous ne savez plus où vous en êtes. Vos rencontres sont reportées jusqu'à nouvel ordre. «Aujourd'hui j'ai dû avaler un médicament qui a eu pour effet de m'amortir.»

Votre décision est prise: vous partirez avec l'ange, vous lui direz que vous n'en pouvez plus de rester ici, de jouer le jeu des psychiatres, de souffrir inutilement. Il n'aura peut-être qu'une bonne parole à prononcer, qu'un geste à faire pour que vous vous retrouviez ailleurs, dans son pays où se marient le feu et l'eau. Seul l'ange peut vous sauver, vous en êtes convaincue.

Cette nuit il était près de vous. Il semblait nerveux. Pressentait-il

1   quelque chose? Vous lui avez demandé ce qui se passait. Il s'est enveloppé dans son silence. Vous avez voulu le serrer. Il s'est dérobé.
Vous l'avez supplié de vous faire l'amour. Il n'a pas réagi. Ils sont entrés
en coup de vent, se sont rués sur lui. Il n'a pu s'enfuir. Il est tombé sur
5   vous comme une chape de plomb. Vous avez crié. Il a pris feu. Aussitôt
ils vous ont sortie de la chambre et plongée dans une baignoire remplie
d'eau froide. Après quoi ils vous ont donné une piqûre qui vous a fait
couler dans un sommeil glauque.

10   * * *

Vous relisez les quelques notes de votre journal sans comprendre
ce qu'elles signifient. Personne ne vous a jamais aimée, encore moins
un ange qui murmure. On vous a donné une nouvelle chambre. Les
15   fenêtres ouvertes laissent voir le fleuve au loin. On a fait le ménage. Ça
sent l'ammoniac dans votre tête. Vous avez du mal à respirer. Le temps,
comme l'angoisse retrouvée, vous presse. Mais le psychiatre dit que
vous faites des progrès.

(Extrait de *Passé la frontière*,
Québec, © L'instant même, 1991, 112 p.)

Exploitation

Compréhension de texte

A. *Lecture de survol*

1. Que signifie le verbe *débusquer* dans «Vous avez voulu le débusquer, le surprendre [...]»? (116,10)

2. Distinguez les professions suivantes: psychiatre, psychologue et psychanalyste.

3. Remplacez le mot *faux-fuyant* par un synonyme dans la phrase: «[...] il en avait assez de tous vos faux-fuyants.» (117,11)

4. Faites des fiches de vocabulaire pour les mots que vous ne connaissez pas.

B. *Lecture annotée*

5. Un élément suffit à l'auteur pour caractériser l'aspect physique de ses personnages. Retracez dans le texte les citations qui concernent le psychiatre, sa patiente et l'ange.

6. Situez socialement les personnages.

7. Le personnage se découvre à travers ses relations. Déterminez à l'aide d'exemples significatifs le type de relations qui s'établit entre la patiente et ses parents, entre la patiente et le psychiatre, entre la patiente et l'ange.

8. a. Résumez l'attitude du psychiatre en un mot.
   b. Le psychiatre manifeste peu d'émotions, sauf à deux reprises. Cherchez les extraits pertinents qui les révèlent.

9. a. Que nous apprennent les deux premières phrases sur la psychologie du personnage féminin?
    b. Retracez les étapes de l'évolution du personnage en recensant toutes les citations qui expriment soit une émotion, soit un sentiment.
    c. Relevez toutes les phrases que la femme note dans son journal. Une seule se distingue des autres; expliquez pourquoi?

10. «Vous et l'ange» relate l'histoire d'une femme internée qui se laisse peu à peu gagner par la folie avant d'en sortir grâce aux soins d'un psychiatre. Relisez attentivement le texte et dégagez sous forme de schéma la structure des événements:
    a. précisez l'état initial (premier paragraphe);
    b. trouvez les étapes de la provocation (deuxième paragraphe);
    c. déterminez les phases de l'action (du troisième à l'avant-dernier paragraphe);
    d. la sanction correspond aux quatre dernières lignes de l'avant-dernier paragraphe. D'après vous, pourquoi plonge-t-on la femme dans l'eau froide?
    e. identifiez les deux volets de l'état terminal.

11. a. Relevez les notations marquant le passage du temps.
    b. Quel aspect du temps est mis en évidence dans la phrase: «Le temps, comme l'angoisse retrouvée, vous presse.» Expliquez.
    c. Donnez un exemple d'ellipse en précisant ce qui la précède et ce qui la suit. Quel événement passe-t-on sous silence?

12. Trouvez dans le texte toutes les indications de lieu et précisez où se déroule l'action.

C. Lecture de synthèse

13. À quelles composantes du récit le titre fait-il référence?

14. a. Tracez en une phrase le portrait psychologique de la femme.
    b. Qui est l'ange? Justifiez votre réponse.
    c. Quel rôle joue le journal dans cette période de la vie de la femme?

15. Voici la liste des éléments qui illustrent les six fonctions du schéma actantiel. Reconstituer le schéma: le murmure «Je t'aime»; le feu, la chaleur; les parents; la femme; le monde imaginaire; fuir la réalité; le psychiatre; le journal; la patiente; l'oiseau; le besoin d'être aimé, la solitude; les traitements; le bien-être, la sécurité; la société; les visites de l'ange; la fragilité de la femme.

16. Quel ordre narratif détermine l'enchaînement des événements?

17. Quelle phrase du texte résume toute l'expérience de la folie?

18. Dans quelle dimension du temps vit le personnage? (Voir la question 11.)

19. L'expérience du personnage se révèle aussi à travers l'espace. (Voir chapitre 6.)
    a. Présente-t-il des oppositions significatives?
    b. Certains éléments de l'espace ont-ils une signification symbolique?

20. Cette nouvelle fait partie du recueil *Passé la frontière*. Montrez qu'elle en illustre bien le titre.

21. Vue de l'extérieur, la folie apparaît toujours comme un phénomène étrange et incompréhensible. Quelle image l'auteur en donne-t-il comparativement à celle que véhicule la société?

Étude approfondie: le narrateur

22. a. Qui parle à qui? Le narrateur est-il étranger ou intégré à l'histoire? Quel est le pronom de narration utilisé et qui désigne-t-il?
    b. Que sait le narrateur de la femme? En sait-il plus qu'elle, moins qu'elle ou autant qu'elle sur ce qu'elle vit?

23. Le narrateur adopte ici un point de vue qui lui permet d'entrer dans la conscience du personnage, tout en gardant une distance. Réécrivez les deux premiers paragraphes en adoptant tantôt la vision intérieure (je), tantôt la vision omnisciente (elle). Comparez les trois versions et la manière dont chacune livre l'information. Selon vos observations, pourquoi l'auteur a-t-il privilégié le *vous*?

24. Le narrataire est-il implicite ou explicite?

Recherche et création

Giovanni Boccaccio, «Le faucon»

1. Comment se développe le thème de l'amour dans *Le Décaméron* de Boccace?

2. Transformez cette nouvelle en un poème amoureux, soit à forme fixe tel un sonnet, soit en vers libres.

Edgar Allan Poe, «Le coeur révélateur»

3. D.H. Lawrence caractérise ainsi les contes d'Edgar Poe: «Ce sont de terrifiantes histoires de l'âme humaine en cours de désintégration.» Prouvez-le à l'aide du «Coeur révélateur».

4. Les contes d'Edgar Poe ont fait l'objet d'adaptations cinématographiques et iconographiques. À partir d'un texte de votre choix, établissez un parallèle entre ces formes d'expression (littérature, cinéma, bande dessinée).

5. Racontez l'histoire à partir de la vision d'un narrateur témoin. Expliquez ensuite ce que vous avez dû supprimer.

6. Vous souvenez-vous d'avoir éprouvé une grande peur? Racontez les circonstances de l'événement en empruntant le point de vue subjectif du narrateur héros.

Michel Dufour, «Vous et l'ange» et Edgar Allan Poe, «Le coeur révélateur»

7. Comparez les visions de la folie chez Edgar Poe et chez Michel Dufour.

8. Étudiez comparativement le thème du double dans «Le Horla» de Maupassant et dans «Vous et l'ange» de Dufour.

9. Racontez l'histoire sous la forme de journal intime, en utilisant le *je* pour désigner la femme; sous la forme de rapport médical en rédigeant à la 3e personne.

10. Dans une forme brève, racontez un cauchemar de votre enfance ou encore le délire hallucinatoire d'une personne qui souffrirait d'une forte fièvre.

CHAPITRE 5

Le temps

APERÇU THÉORIQUE

Lorsqu'il veut fixer le cadre de l'action où évoluent les personnages, le romancier doit recréer l'écoulement linéaire du temps et l'inscrire dans le mouvement de la narration. Aussi faut-il distinguer le temps de fiction du temps de narration. Le temps de fiction couvre la durée totale des événements et se définit comme le temps réel de l'action. Quant au temps de narration, il correspond à l'ordre de présentation des événements de l'histoire et groupe toutes les techniques romanesques servant à le reconstituer. Le temps de narration découle de la fonction de régulation du récit: le narrateur peut raconter des événements présents, passés ou à venir.

Deux procédés serviront d'une part à situer ces faits dans le temps. D'abord, la datation absolue fournit la date précise des événements, tandis que la datation relative fait appel à quatre techniques différentes: l'allusion à un événement historique ou social («La Deuxième Guerre mondiale venait de se terminer...»), les signes extérieurs de l'écoulement temporel (changements de saison, fêtes...), les rappels temporels («Avant de partir...», «Le même jour...») et le schéma logique (narration chronologique des étapes d'une scène, d'un événement...). D'autre part, l'usage des techniques romanesques reliées au temps de narration impose un rythme particulier au récit. C'est le cas de la progression du récit par bonds, de la suspension du récit et de l'organisation de décalages entre le temps de fiction et le temps de narration. La progression par bonds nécessite l'alternance des temps forts, correspondant à des événements importants qui sont analysés et détaillés, et dont la durée est courte, avec des temps faibles, liés à des résumés d'action dont la durée est plus longue. À cette technique s'ajoute celle de la suspension du récit. Ici, la narration des événements cesse pour laisser place soit à la description des personnages ou des lieux, soit à des pensées ou des rêveries du personnage. Dans ce dernier cas, il s'agit alors de l'une des fonctions du temps psychologique liée au rythme du récit. Enfin, le décalage entre le temps de fiction et le temps de narration implique, à son tour, cinq techniques différentes: le retour en arrière, l'anticipation, l'ellipse, le télescopage ou le chevauchement d'actions et enfin le retour cyclique.

Également, il convient de signaler la complexité de cette composante qui présente de multiples aspects. Soulignons-en la dimension psychologique abordée plus haut. Liée au personnage, elle situe d'emblée le lecteur dans la conscience même du protagoniste et exprime sa perception particulière du temps, celle du rêve, de l'introspection, de l'attente... Le temps historique ou social en constitue aussi un autre aspect. Dans ce cas, il importe de considérer l'événement d'intérêt historique ou social (ou l'époque donnée) qui fournit le cadre de l'action. L'intégration et le traitement de cet événement réel peuvent en effet servir de point de référence pour la compréhension de l'attitude des protagonistes. Enfin, mentionnons, en dernier lieu, que le temps peut en lui-même constituer le thème principal du récit, le sujet qui captive le héros et motive ses actions.

Anton Tchekhov
(1860-1904)
Russie

Une nuit d'épouvante

Anton Pavlovitch Tchekhov

Anton Pavlovitch Tchekhov est né le 17 janvier 1860 à Taganrog en Crimée. Malgré une enfance malheureuse, à cause d'un père tyrannique et violent, Tchekhov deviendra un homme bon, tout entier dévoué aux autres. Reçu bachelier en 1879, il poursuit à Moscou des études de médecine qu'il termine en 1884. Parallèlement, il amorce une carrière d'écrivain qui en fera, jusqu'à sa mort, le soutien de sa famille. Son talent lui vaut à 28 ans le prix Pouchkine. En 1890, en dépit de sa santé fragile, il séjourne sur l'île de Sakhaline, véritable enfer où vivent, dans un total avilissement, des milliers de bagnards et leurs familles. Il témoigne de leur condition inhumaine dans l'Île de Sakhaline. De 1892 à 1898, il poursuit sa carrière d'écrivain à Melikovo. En même temps, il soigne des malades par centaines, luttant contre le choléra, la diphtérie et la variole, combat la pauvreté et l'ignorance, fait construire des routes et bâtir des écoles. Mais sa santé se détériore et, en 1899, il s'installe avec les siens à Yalta. Élu à l'Académie des sciences de Russie (1900), il épouse l'actrice Olga Knipper en 1901 et meurt, trois ans plus tard, à Badenweiler en Allemagne.

Tchekhov est à la fois le maître russe de la nouvelle et un grand dramaturge. Entre 1880 et 1888, il publie, dans des journaux humoristiques et sous forme de recueils, près de 350 nouvelles. L'objectivité absolue, la brièveté, la simplicité de la composition et de l'expression figurent parmi les critères de son esthétique.

Publiée en 1884, «Une nuit d'épouvante» figure parmi les premières oeuvres dont l'humour est la marque. Le comique dans les situations et dans les mots, comme en témoigne ici l'onomastique, permet à Tchekhov de transformer, paradoxalement, la nuit de Noël en une nuit de terreur.

Bibliographie sélective

• *La steppe* (1888), nouvelles
• *Au crépuscule* (1888), nouvelles (Prix Pouchkine)
• *La mouette* (1896), théâtre
• *La cerisaie* (1903), théâtre

*P*ierre Lobsèque pâlit, baissa la lampe et commença d'une voix   1
émue:

    — Un brouillard sombre, impénétrable, était suspendu sur la terre
en cette nuit de Noël 1883 où je revenais de chez un ami, mort aujourd'hui, où nous avions tous assisté à une longue séance de   5
spiritisme. Pour une raison inconnue, les petites rues que je traversais
n'étaient pas éclairées et je devais presque chercher mon chemin à
tâtons. Je vivais à Moscou, où j'habitais dans le quartier de l'Assomp-
tion des Trépassés, une maison qui appartenait à un fonctionnaire
nommé Cadavre. J'étais dans un des coins les plus déserts du quartier   10
de l'Arbat. Je rentrais chez moi et mes pensées étaient lourdes,
déprimantes.

    «Ta vie s'achemine vers son déclin... Fais ton examen de cons-
cience...»

    Telle était la phrase que m'avait adressée, au cours de la séance,   15
l'esprit de Spinoza que nous avions réussi à appeler. Je lui demandai de
répéter, et non seulement, la soucoupe avait répété, mais elle avait
même ajouté: «cette nuit». Je ne crois pas au spiritisme, mais la pensée
de la mort, même sous la forme d'une allusion, me plonge dans la

1 tristesse. La mort, messieurs, est inévitable, elle est quotidienne, mais
elle n'en répugne pas moins à la nature humaine... Et maintenant que
m'enveloppaient des ténèbres impénétrables, glacées, que tourbillon-
naient sans pitié devant mes yeux les gouttes de pluie et que le vent
5 gémissait par-dessus ma tête, maintenant qu'autour de moi je ne voyais
âme qui vive ni n'entendais son humain, un effroi indéfinissable et
inexplicable me remplit l'âme. Et moi, l'homme sans préjugés, je me
hâtais, j'avais peur de regarder en arrière ou de côté. Il me semblait que
si je me retournais, je verrais à coup sûr le fantôme de la mort.
10 Lobsèque soupira convulsivement, but un verre d'eau et continua:
— Je ne m'étais pas débarrassé de cette terreur indéfinissable, mais
que vous comprenez fort bien, lorsqu'après avoir atteint le quatrième
étage de la maison Cadavre j'ouvris la porte et pénétrai dans ma
chambre. Mon modeste logis était sombre. Le vent pleurait dans la
15 cheminée dont il ébranlait le rideau comme s'il demandait un peu de
chaleur.
«S'il faut en croire Spinoza — et je souris — c'est au son de ce
gémissement que je dois mourir cette nuit. De toute façon, c'est lugubre!»
20 Je craquai une allumette... Un coup de vent furieux courut sur le toit
de la maison. Le gémissement timide se transforma en hurlement de
colère. Un volet à demi arraché se mit à claquer à l'étage inférieur, et le
rideau de ma cheminée appela au secours avec un grincement pitoya-
ble...
25 «Vilaine nuit pour les sans-abri», pensai-je.
Mais ce n'était pas le moment de se laisser aller à de telles réflexions. Lorsque le soufre de mon allumette jeta sa lueur bleu sombre,
un spectacle inattendu et terrifiant se présenta à ma vue... Que le vent
n'avait-il éteint mon allumette! Peut-être alors n'aurais-je rien vu et
30 mes cheveux ne se seraient pas dressés sur ma tête. Je poussai un cri, fis
un pas vers la porte, plein de terreur, de désespoir, de stupéfaction, je
fermai les yeux...
Un cercueil était posé au milieu de ma chambre.
La flamme bleue n'avait pas brûlé longtemps, mais j'avais eu le
35 temps de distinguer les contours du cercueil... J'avais vu le revêtement
de brocart rose scintillant, j'avais vu la croix de galon doré sur le
couvercle. Il y a des choses, messieurs, qui se gravent dans votre
mémoire bien qu'elles ne soient restées qu'un instant devant vos
yeux. Il en fut ainsi de ce cercueil. Je ne l'avais aperçu que l'espace

d'une seconde, mais je me le rappelle dans ses moindres détails. Il était   1
destiné à un mort de taille moyenne, et, à en juger par sa couleur, à une
jeune fille. Le brocart précieux, les pieds, les poignées de bronze, tout
disait que la défunte était riche.

Je me précipitai à toutes jambes hors de la pièce, sans réfléchir, sans   5
pensée, en proie à une terreur intraduisible et je dévalai l'escalier. Le
vestibule et l'escalier étaient sombres, mes jambes se prenaient dans les
pans de mon manteau, et je me demande comment je ne me suis pas
rompu le cou. En me retrouvant dans la rue, je m'adossai à un réverbère
humide et commençai à reprendre mes esprits. Mon coeur battait la   10
générale, le souffle me manquait...

L'une des auditrices remonta la flamme de la lampe et se rapprocha
du conteur, qui continua:

— Je n'aurais pas été surpris de trouver chez moi un incendie, ou
un voleur ou un chien enragé... Je n'aurais pas été surpris de voir le   15
plafond s'effondrer, le plancher s'affaisser, les murs s'écrouler... Tout
cela est naturel et compréhensible. Mais, ce cercueil, comment avait-il
pu échouer là? D'où sortait-il? Il était riche, prévu pour une femme,
destiné, vraisemblablement, à une jeune aristocrate: comment avait-il
pu échouer dans la pauvre chambre d'un petit fonctionnaire? Était-il   20
vide ou bien contenait-il... Qui était-*elle*, cette femme fortunée, décédée
prématurément, qui me rendait une si étrange et terrifiante visite? Mystère angoissant!

Une pensée me traversa la tête comme un éclair: «S'il n'y a pas
prodige, il y a crime.»   25

Je me perdais en conjectures. La porte était restée fermée pendant
mon absence et j'étais seul, avec quelques amis très proches, à connaître
l'endroit où se trouvait la clé. Mais ce n'étaient pas mes amis qui avaient
pu déposer ce cercueil. Peut-être encore des croque-morts l'avaient-ils
apporté par erreur. Ils avaient pu se tromper, confondre les étages ou les   30
portes et ne l'avaient pas déposé où il fallait. Mais qui ne sait que les
croque-morts de chez nous ne s'en vont pas sans avoir reçu le prix de
leurs peines, ou, pour le moins, un pourboire?

«Les esprits m'ont prédit ma mort, pensai-je. N'auraient-ils pas
déjà pris la peine de me fournir aussi le cercueil?»   35

Messieurs, je ne crois pas et je n'ai jamais cru au spiritisme, mais
devant une pareille coïncidence, même un philosophe peut tomber dans
le mysticisme.

«Tout cela est stupide, décidai-je. Je suis poltron comme un éco-

1   lier. C'était une illusion optique, et rien de plus! J'étais d'humeur si
sombre en arrivant chez moi, quoi d'étonnant si mes nerfs malades
m'ont fait apercevoir un cercueil... Mais oui, c'était une illusion
optique. Pouvait-ce être autre chose?»

5   La pluie me cinglait le visage, le vent froissait rageusement les pans
de mon manteau, les bords de mon chapeau... J'étais transi et trempé
jusqu'aux os. Il fallait m'en aller... mais où? Retourner chez moi,
c'était courir le risque de retrouver le cercueil, et ce spectacle était au-
dessus de mes forces. Et puis, je ne pouvais, sans avoir vu âme qui vive,

10   sans avoir entendu aucun bruit humain, rester seul en tête-à-tête avec un
cercueil où gisait peut-être un cadavre, il y avait de quoi perdre la
raison. Mais rester dans la rue, sous la pluie battante et le froid, était
impossible.

Je me décidai à aller passer la nuit chez mon ami De Profundis, qui

15   s'est brûlé la cervelle par la suite, comme vous savez. Il habitait une
chambre garnie chez un marchand, M. Lecrâne, petite rue des
Macchabées.

Lobsèque essuya la sueur froide qui perlait sur son visage blême,
respira profondément et poursuivit:

20   — Je ne trouvai pas mon ami. Après avoir frappé, et convaincu
qu'il était absent, je cherchai la clé à tâtons sous le chambranle, ouvris
la porte et entrai. Je me débarrassai de mon manteau trempé que je
laissai tomber à terre et, ayant trouvé à tâtons le divan dans l'obscurité,
je m'assis pour reprendre haleine. Il faisait sombre... Le vent chanton-

25   nait plaintivement à travers le vasistas. Le grillon faisait entendre son
cri-cri monotone dans la cheminée. Les cloches du Kremlin sonnèrent
la messe de minuit. Je me hâtai de craquer une allumette. Mais la
lumière fut loin de me débarrasser de mon humeur sombre, au
contraire. Une effroyable, une inexprimable terreur me saisit de

30   nouveau... Je poussai un cri, je chancelai, et, sans savoir ce que je
faisais, je m'élançai dehors en courant.

Je venais de voir dans la chambre de mon ami, ce que j'avais vu
dans la mienne: un cercueil!

Le cercueil de mon camarade était presque deux fois plus grand que

35   le mien et son revêtement brun lui donnait une couleur particulièrement
sinistre. Comment avait-il échoué là? C'était une illusion optique:
désormais il était impossible d'en douter... Toutes les chambres ne
pouvaient pas contenir un cercueil! C'était évidemment le fait de mes
nerfs malades. Où que j'aille maintenant je trouverai devant mes yeux

l'affreuse demeure de la mort. J'étais donc fou, je souffrais d'une sorte 1
de cercueillomanie et la raison de mon détraquement cérébral n'était pas
longue à trouver: il suffisait de se rappeler la séance de spiritisme et les
paroles de Spinoza...

«Je deviens fou, pensai-je, avec effroi, en me prenant la tête dans 5
les mains. Mon Dieu! Que faire?»

Ma tête éclatait, mes jambes vacillaient... La pluie tombait à seaux,
le vent était pénétrant et j'étais sans manteau ni chapeau... Retourner les
chercher dans la chambre de mon ami était impossible, c'était au-dessus
de mes forces... La terreur me tenait solidement dans ses mains 10
glacées. J'avais beau croire à une hallucination, mes cheveux se dressèrent sur ma tête et une froide sueur ruissela sur mon visage.

Que fallait-il faire? continuait Lobsèque. Je devenais fou et ris-
quais un refroidissement dangereux. Je me souvins, par bonheur, que
mon excellent ami le docteur Cimetière, frais émoulu de la Faculté et 15
avec lequel j'avais assisté cette nuit-là à la séance de spiritisme,
n'habitait pas très loin de la petite rue des Macchabées. Je me hâtai chez
lui... En ce temps-là, il n'était pas encore marié à une riche marchande
et avait une chambre au quatrième étage de la maison du conseiller
d'État Charnier. 20

Là, mes nerfs étaient destinés à subir une nouvelle épreuve. En
montant l'escalier, j'entendis un vacarme épouvantable. Quelqu'un
courait à l'étage supérieur, en frappant des talons et en claquant les
portes.

J'entendis un cri déchirant: 25

— Au secours! Au secours! Concierge!

Et presque au même instant, un sombre personnage en pelisse et
haut-de-forme bosselé dégringola l'escalier à ma rencontre.

— Cimetière! m'écriai-je en reconnaissant mon ami. C'est
vous? Qu'avez-vous? 30

Arrivé à ma hauteur, il s'arrêta, et me saisit le bras d'un geste
convulsif. Il était blême, il respirait avec peine, il frissonnait. Il roulait
des yeux fous, sa poitrine haletait...

— C'est vous, Lobsèque? demanda-t-il d'une voix sourde. Mais
est-ce bien vous? Vous êtes pâle, comme si vous sortiez du tom- 35
beau... Mais suffit, n'êtes-vous pas plutôt une hallucination?... Mon
Dieu... vous êtes terrible à voir...

— Mais qu'avez-vous? Vous êtes décomposé!

— Oh! mon ami, laissez-moi reprendre mon souffle... Je suis

1   heureux de vous voir, si c'est bien vous, en chair et en os, et non pas une illusion optique. Maudite séance de spiritisme... Elle a tellement détraqué mes nerfs, que, figurez-vous qu'à l'instant, en rentrant chez moi, j'ai vu dans ma chambre... un cercueil!

5   Je n'en croyais pas mes oreilles et lui demandai de répéter.

  — Un cercueil, un véritable cercueil, dit le docteur en s'asseyant sur une marche d'escalier, complètement épuisé. Je ne suis pas poltron, mais le diable lui-même aurait pris peur si, au sortir d'une séance de spiritisme, il s'était heurté dans le noir à un cercueil!

10   En m'embarrassant dans mes explications, en bégayant, je lui racontai ceux que j'avais vus.

  Nous nous regardâmes un instant, les yeux exorbités, la bouche ouverte d'étonnement. Après quoi, pour nous convaincre que nous n'étions pas des hallucinations, nous nous mîmes à nous pincer.

15   — Nous nous faisons mal, dit le docteur, c'est que nous ne dormons pas et nous ne nous voyons pas en songe. Par conséquent, les cercueils, le mien et les deux vôtres, ne sont pas des illusions optiques, ils existent bel et bien. Et maintenant, mon ami, que devons-nous faire?

  Après avoir passé toute une heure dans l'escalier glacé à tourner et

20   à retourner toutes sortes de suppositions, nous étions affreusement transis et nous décidâmes de rejeter cette lâche terreur, de réveiller le garçon d'étage et de retourner avec lui dans la chambre du docteur. Ce que nous fîmes. En entrant dans la pièce, nous allumâmes une bougie, et en effet, nous vîmes le cercueil recouvert de brocart blanc, avec des

25   franges et des glands dorés. Le garçon d'étage se signa dévotement...

  — Nous allons savoir à présent, dit le docteur pâle et tremblant de tous ses membres, si ce cercueil est vide ou s'il est... habité?

  Après de longues hésitations, bien compréhensibles, le docteur se pencha, les dents serrées de terreur et d'attente, arracha le couvercle. Nous

30   regardâmes à l'intérieur et...

  Le cercueil était vide...

  Il ne contenait pas de cadavre mais, en revanche, nous y trouvâmes la lettre suivante:

  Cher Cimetière, tu sais que le chiffre d'affaires de mon beau-père

35   *a terriblement baissé. Il est dans les dettes jusqu'au cou. On doit venir demain ou après-demain dresser l'inventaire de son bien et ce sera la ruine définitive pour sa famille et pour la mienne et la perte de notre honneur auquel je tiens par-dessus tout. Nous avons décidé, hier, en conseil de famille, de faire disparaître tout ce qui a de la valeur et du*

prix. Comme tout l'avoir de mon beau-père consiste en cercueils, tu   1
sais qu'il est un artiste en la matière, nous avons résolu de cacher les
plus précieux. Je m'adresse à toi, comme à un ami, viens à notre
secours, sauve notre bien et notre honneur! Dans l'espoir que tu nous
aideras à sauvegarder notre fortune, je t'envoie, mon cher ami, un   5
cercueil que je te demande de cacher et de conserver jusqu'à ce que je
te le réclame. Sans l'aide de nos amis et connaissances, nous sommes
perdus. J'espère que tu ne refuseras pas, d'autant plus qu'il ne restera
pas chez toi plus d'une semaine. J'en ai envoyé à tous ceux que je
considère comme nos véritables amis et je compte sur la générosité et   10
la noblesse de leur âme. Ton affectionné Jean Mâchoir.

Après tout cela, je dus me faire traiter trois mois durant pour
dérangement nerveux. Notre ami le gendre du fabricant de cercueils
sauvegarda et son honneur et sa fortune, il tient maintenant un bureau
de pompes funèbres où il vend des stèles et des pierres tombales. Ses   15
affaires ne sont pas brillantes, et, tous les soirs, en rentrant chez moi, j'ai
peur d'apercevoir à côté de mon lit une stèle de marbre blanc ou un
catafalque.

(Extrait de *Nouvelles*.
Traduction de Madeleine Durand et Édouard Parayre.)

Exploitation

A. Lecture de survol

1. a. Dans quel domaine de la connaissance Spinoza (131,16) s'est-il illustré?
   b. Distinguez *spiritisme* (131,6) et *mysticisme* (133,38).

2. a. Regroupez en une ou deux phrases les mots suivants: *effroi* (132,6), *lugubre* (132,19), *convulsivement* (132,10), *transi* (134,6), *exorbités* (136,12), *catafalque* (137,18).
   b. Précisez les nuances de sens qui distinguent les mots suivants: *épouvante* (titre), *effroi* (132,6), *terreur* (132,11).

3. *Frais émoulu* (135,15) peut-il se dire...
   a. du café qu'on vient de moudre?
   b. d'un cercueil de bois qu'on vient de sculpter?
   c. de quelqu'un qui est récemment sorti d'une école?

4. Dans la liste suivante, repérez l'expression fautive:
   a. *se perdre en conjectures* (133,26);
   b. fonder son opinion sur des conjectures;
   c. fonder son opinion sur des conjonctures;
   d. se perdre en conjonctures.

B. Lecture annotée

5. a. Trouvez toutes les illustrations qui caractérisent socialement les personnages.
   b. Quelles informations livrent les conditions d'habitation de la majorité des personnages?
   c. Tracez le portrait social de Jean Mâchoir.

6. a. Quelle émotion domine chez le personnage principal? Justifiez à l'aide de citations.

b. Identifiez les causes de cette émotion.

c. Quelles répercussions physiques entraîne-t-elle?

7. Le découpage en épisodes suit la narration du texte. Identifiez pour chacun les éléments qui le composent.

8. À quelle époque l'action se déroule-t-elle?

9. a. Dans quelle ville se produisent les événements?

b. Retracez l'itinéraire du protagoniste et mettez en évidence les caractéristiques des lieux traversés.

10. a. Quels pronoms de narration retrouve-t-on dans le texte? Qui désignent-ils?

b. Nous sommes en présence de deux narrateurs. L'un dit: «Pierre Lobsèque pâlit, [...]; (131,1) l'autre dit: «[...] je revenais de chez un ami, mort aujourd'hui [...]» (131,4). Sont-ils étrangers ou intégrés à l'histoire? Quel rôle joue dans l'action le narrateur qui dit *je*?

c. Quel point de vue de narration domine dans l'ensemble de l'histoire? Quelle autre vision apparaît dans le texte?

d. Le narrateur intervient à plusieurs reprises dans le récit. Trouvez des exemples qui illustrent chacune des fonctions utilisées.

e. Repérez les indices qui permettent d'identifier les narrataires.

C. Lecture de synthèse

11. Montrez que le titre est à la fois pertinent et ironique.

12. a. Classez les personnages selon l'importance de leur rôle.

b. Dans cette histoire, Pierre Lobsèque (sujet) veut échapper à une prédiction de mort (objet). Complétez le schéma actantiel.

13. a. À partir du schéma des événements, résumez l'action en une quinzaine de lignes.

b. Dans quel ordre narratif s'enchaînent les événements? Expliquez.

c. L'ordre textuel suit-il l'ordre chronologique?

d. Montrez que les interventions du narrateur étranger ponctuent le déroulement de l'intrigue.

14. a. Le surnaturel se manifeste-t-il dans ce texte?
    b. Face à l'événement étrange, relevez toutes les explications possibles que fournit le personnage.
    c. À quelle catégorie de contes appartient ce texte?
    d. Déterminez le thème central du récit. Justifiez votre réponse.

15. Quels éléments du récit permettent de dire que le texte constitue une parodie du genre fantastique?

Étude approfondie: le temps

16. Établissez le temps réel de l'action.

17. Trouvez le retour en arrière et l'anticipation les plus lointains et calculez le temps de narration.

18. a. Quelles techniques de datation des événements sont employées dans le texte? Cherchez des exemples.
    b. Sur quelle technique de décalage entre le temps de fiction et le temps de narration repose le récit? Repérez des exemples.
    c. Montrez que Pierre Lobsèque, dans son récit, exploite la technique de l'anticipation et celle de l'ellipse.

19. Indiquez un passage où le cadre de l'action (temps et espace) influence l'état d'âme du personnage et contribue à créer l'atmosphère lugubre du récit.

Esther Croft
(1945-   )
Québec

Fais-toi cuire un oeuf

Esther Croft

Née à Québec, Esther Croft y fait des études de lettres et, en 1978 et 1979, elle poursuit sa formation en atelier d'écriture à Paris avec Elizabeth Bing. Elle obtient, en 1982, une maîtrise en littérature québécoise à l'université Laval où elle enseigne le théâtre et la création littéraire depuis 1980, à titre de chargée de cours. Elle anime aussi des ateliers d'écriture hors du cadre universitaire.

Auteure de manuels scolaires, Esther Croft a écrit également, entre 1970 et 1980, cinq dramatiques radiophoniques diffusées à Radio-Canada. L'une d'elles, Écrase, remporte en 1984 la palme de la meilleure production de l'année lors du concours des radios francophones.

Dans son recueil de nouvelles La mémoire à deux faces *(1988), l'auteure, dans un style dépouillé et percutant, cerne avec la précision du scalpel ces petites tragédies qui marquent l'enfance. À travers la narration des événements qui en sont la cause, ces noeuds d'émotion, cristallisés dans la mémoire enfantine, laissent voir le fonctionnement toujours vivace de leur mécanique implacable. L'actualité du sujet caractérise le texte «Fais-toi cuire un oeuf». Sa richesse apparaît entre autres dans l'exploitation de la dimension temporelle du récit, en particulier du temps psychologique.*

Bibliographie sélective

- *Un jugement comme les autres* (1978), dramatique radiophonique
- *Tu rêves en rose pâle* (1982), dramatique radiophonique
- *La mémoire à deux faces* (1988), nouvelles

Quand je suis rentrée de l'école, il n'y avait personne à la   1
maison. Comme hier et comme avant-hier et comme le jour précé-
dent. Lorsque je dis personne, cela veut dire ma mère, bien entendu. De
qui d'autre voudriez-vous que je vous parle? Après elle, il n'y a rien
dans ma vie qui vaille la peine d'être mentionné. Elle devrait bien le   5
savoir.

Pourtant, aujourd'hui elle m'avait juré qu'elle serait déjà là au
moment où j'arriverais. Elle m'avait même promis une surprise si je
réussissais à améliorer mes résultats en français. Et j'ai réussi. Pour
elle, j'ai accordé tous mes participes passés et je n'ai pas oublié un seul   10
«s» au pluriel. J'ai soigné mon écriture et ma signature était presque
aussi belle que la sienne.

Dès que la cloche a sonné, j'ai bondi dans la cour et je ne me suis
pas arrêtée une seule fois sur le chemin du retour. J'avais tellement hâte
d'arriver et de lui sauter au cou et de lui présenter mon cahier sans fautes   15
que j'ai même refusé d'aller jouer chez Lucie Godbout. Je n'avais pas
une minute à perdre, même avec ma meilleure amie, quand ma mère
était là à m'attendre, à avoir hâte que j'arrive et même à s'inquiéter peut-
être.

1   Mais ma mère n'était pas là à m'attendre, à avoir hâte que j'arrive
et elle ne s'inquiétait pas non plus. Elle était partie, tout simplement. Comme la veille et comme le jour d'avant.
       Quand j'ai ouvert la porte, dès que j'ai senti le froid de la poignée
5   au creux de ma main, j'ai su tout de suite qu'elle n'y était pas, qu'elle
m'avait désertée et que mes trois pieds et six pouces et demi n'avaient
pas pesé lourd dans sa balance. Ses promesses non plus. Je ne savais pas
où elle était ni ce qu'elle faisait, mais elle était sûrement en train de me
tromper puisqu'elle ne devinait même pas que son absence m'était tout
10   à coup insupportable. Comme le grand silence qu'elle m'avait laissé
entre les quatre murs de la maison et qui ne portait pas le moindre écho
de son attachement à moi. Et j'ai eu beau crier, claquer mes talons sur
son beau plancher de bois franc, m'asseoir à la fois sur ma chaise et sur
la sienne, je ne suis pas parvenue à remplir le vide que le soleil d'après-
15   midi rendait encore plus cru.
       J'ai essayé, tant bien que mal, de l'excuser, de lui inventer des
raisons de départ légitimes: sa soeur était malade, un de ses élèves s'était
blessé, il ne restait plus de lait. Mais je n'ai pas pu me convaincre de son
innocence: sa soeur unique vit en Chine depuis dix ans; aujourd'hui,
20   dans son école, c'était un congé flottant, et il y avait trois litres de lait
au frigidaire.
       De plus, si elle n'avait rien eu à se reprocher, elle m'aurait sûrement
laissé un petit quelque chose, je ne sais pas moi, un morceau de gâteau,
un pain au chocolat ou au moins une odeur. Oui, c'est ça, une odeur, une
25   bonne odeur qui vous rappelle qu'on s'est déjà occupé de vous, que vous
avez déjà été aimée. Pas cette vieille senteur de friture du poisson d'hier
soir encore accrochée au rideau blanc, entre le poêle et la chambre de ma
mère!
       Je déteste le poisson. Et elle le sait très bien. Elle sait très bien que
30   lorsque j'en vois un dans mon assiette, j'ai toujours l'impression qu'il
va se mettre à ramper, à se tortiller, à se couler le long de mes patates et
qu'il va finir par glisser sur moi. Et puis ça sent mauvais. Mon père aussi
détestait le poisson. C'est peut-être pour cette raison qu'il est parti. Peut-
être qu'il ne pouvait pas, lui non plus, en supporter l'odeur et la texture
35   et la chair molle et la peau trop fine et les deux yeux qui continuent à
vous fixer même quand le corps a disparu.
       D'habitude, quand elle doit s'absenter longtemps, ma mère me
laisse un message. Elle m'écrit un mot, de sa belle écriture de maîtresse
d'école (celle que j'essaie souvent d'imiter) et elle signe toujours:

À tout de suite. Maman.   1

Quand je trouve ses mots, épinglés n'importe où dans la maison, je
me sens un peu triste, bien sûr, mais je sais qu'elle a pensé à moi avant ·
de fermer la porte et que ça lui a fait quelque chose de me quitter.   5
Tous ces petits billets, je les conserve dans une boîte à biscuits. J'en
fais une collection. C'est pour savoir exactement combien de fois elle
m'a laissée seule avec moi-même dans notre vie à deux. L'autre jour, je
les ai comptés: il y en avait cent cinquante-quatre. Avouez que c'est
quand même impressionnant comme pluriel. Mais je crois que les   10
chiffres ne prennent pas de «s». De toute façon, cent cinquante-quatre,
moi je trouve que ça fait beaucoup d'abandons pour une seule collection. Et j'en connais qui seraient allés se plaindre depuis longtemps à la
société protectrice des enfants. Car même si on est monoparental, la
négligence criminelle n'est jamais permise. La négligence tout court   15
non plus, d'ailleurs.
Parmi mes cent cinquante-quatre billets, j'en ai de plusieurs couleurs: des blancs, des bleus, des roses, des jaunes; j'en ai même un
violet, écrit au crayon noir. Celui-là, je l'appelle mon message de mort:
ma mère me l'avait écrit le jour où elle était allée changer son contrat de   20
mariage contre un contrat de divorce. Je ne le regarde presque jamais,
parce que ça me donne mal aux yeux de lire ses grosses lettres noires sur
du papier violet. Cela m'a quand même rassurée de savoir qu'il n'y a pas
de contrat entre une mère et son enfant: comme ça, elle ne pourra jamais
me divorcer.   25
Quand ma mère m'envoie en pénitence, j'ouvre ma boîte à biscuits
et je relis chacun de ses messages. Cela m'aide à me rappeler qu'elle
n'est pas toujours méchante. Mais si elle commence à partir comme ça,
à tout moment, sans me laisser aucune trace de ses allées et venues,
comment voulez-vous que je sache où j'en suis et si ça vaut encore la   30
peine de compter sur elle?
Si je parle beaucoup de ces cent cinquante-quatre petits billets
écrits par ma mère, c'est pour ne pas penser qu'aujourd'hui elle ne m'a
rien laissé du tout. J'ai eu beau tourner trois cent mille fois autour de la
table, soulever les chaises, scruter les murs, palper la douillette de son   35
grand lit à deux places: peine perdue. Il n'y avait aucun message pour
moi. Même pas une petite signature à l'endos d'une enveloppe usagée.
Pourtant, ce matin, elle m'a longuement embrassée sous l'oreille
gauche, comme d'habitude. Elle a resserré l'écharpe autour de mon cou

1   en disant: «Habille-toi, tu vas prendre froid». Elle a remplacé les
biscuits au chocolat de mon goûter par une pomme verte. Je n'ai pas
protesté. Je ne lui ai pas dit que son parfum sentait trop fort, que sa
couche de mascara était trop épaisse et que son rouge à lèvres était trop

5   vif. Je ne lui ai pas dit non plus que ça m'agaçait de la voir toujours
essayer de se rajeunir. Je n'aime pas avoir une mère qui ressemble à une
grande soeur attardée à je ne sais trop quoi. Je ne lui ai rien dit de tout
cela: elle est quand même partie.
       Après mon arrivée, j'ai erré longtemps dans la maison à la recherche

10   du plus petit indice de son passage. J'ai erré des semaines, des années
peut-être. En tout cas, assez longtemps pour voir disparaître le jour entier derrière le rideau blanc. Assez longtemps aussi pour voir les autobus de la ville arrêter inutilement au coin de la rue. À chaque gronde-
ment de la communauté urbaine, je me précipitais à la fenêtre, je me

15   levais sur la pointe des pieds et j'examinais minutieusement chacun des
passagers: tous les hommes et toutes les femmes de tous les bureaux de
la ville en ressortaient vivants. Mais pas l'ombre d'une mère n'en des-
cendait jamais.
       À six heures, pour oublier l'aiguille de l'horloge qui n'en finissait

20   pas de tourner en rond, et surtout pour oublier mes pas qui n'en
finissaient pas de rôder autour de l'horloge, j'ai décidé de lui faire une
surprise. Pas ce genre de surprises que l'on promet longtemps d'avance
et que l'on ne respecte jamais; non, une vraie surprise, qui n'était pas
prévue mais qui arrive malgré tout.

25   Avec beaucoup de précaution, j'ai sorti la nappe blanche, la porcelaine des jours de fête, les verres teintés et les ustensiles en argent. J'ai
aussi placé au centre de la table des bougies et des fleurs de papier. Je
n'ai pas osé faire un bouquet de fleurs naturelles parce que ma mère est
allergique: je crois que ça lui rappelle mon père et ça la congestionne. Puis

30   j'ai commencé à préparer des choses pour le souper. Des choses pas
compliquées, bien sûr, parce qu'il faut toujours que les enfants attendent
que leur mère arrive pour allumer le four. Ceux qui inventent tous ces
conseils de sécurité ne doivent pas savoir que certaines mères n'arrivent
jamais.

35   Il a dû se passer des semaines entre six et sept heures. Car la salade
de concombres avait eu le temps de ramollir et les glaçons avaient fondu
dans la carafe. J'avais même l'impression que mes fleurs de papier
s'étaient un peu flétries. Mon repas était gaspillé, ma surprise ne serait
pas une vraie surprise et je n'étais plus du tout certaine que ma mère était

vraimentma mère. J'ai donc enveloppé le repas entier dans la nappe   1
blanche, avec la porcelaine, les verres teintés et les ustensiles en argent,
et j'ai flanqué la fête dans la grosse poubelle. En entendant le choc de
la porcelaine sur le métal, j'ai senti un violent picotement dans mes
yeux; c'était sûrement la congestion: je dois être allergique à la vaisselle   5
cassée.

À sept heures précises, après m'être assurée que le téléphone ne
sonnait pas, que la poignée de porte n'avait pas bougé et qu'il n'y avait
pas le moindre bruit dans l'escalier, j'ai commencé à me dire que ma
mère n'était pas raisonnable de m'abandonner ainsi à mon sort d'enfant   10
unique livrée tout entière au silence et à la senteur du poisson; que ce
n'était pas ma faute si mon père était parti et qu'elle devrait savoir que
j'ai besoin de son affection et que j'aimerais sentir parfois que toutes les
deux on forme une famille monoparentale unie et que ça ne presse pas
tant que ça de couper le cordon équatorial qui nous relie et qui nous tient   15
au chaud. Alors j'ai décidé de la punir.

J'ai d'abord pris une feuille blanche et j'ai fait une longue liste de
toutes les punitions possibles. J'ai réfléchi un bon moment avant de me
décider à accorder les participes passés et à mettre des «s» aux pluriels.
                                                                                  20
1. J'arracherais les aiguilles de son dernier tricot. (Au fait, pour qui
    est ce chandail bleu clair qu'elle est sur le point de terminer?)
2. Sur la grande vitre du salon, avec son mascara et son rouge à lèvres,
    j'écrirais en grosses lettres épaisses: «À tout de suite. Ta fille».
3. Je ne lui adresserais pas la parole durant trois jours et trois nuits.   25
4. Je ferais cuire des oeufs sans eau jusqu'à ce que les murs sentent
    la pourriture.
5. J'enseignerais à la perruche tous les gros mots que ma mère ne peut
    pas supporter.
6. J'installerais dans l'entrée un énorme bouquet de fleurs naturelles   30
    qui lui rappelleraient le départ de mon père et qui la feraient pleurer.
7. J'irais me cacher durant deux jours chez mon amie Lucie Godbout
    sans lui téléphoner et sans lui laisser aucun message.
8. Je désaccorderais tous les participes passés de mon cahier de
    français et j'enlèverais tous les «s» aux pluriels.   35
9. J'effacerais le sourire sur la photo de ses vingt ans.
10. J'épinglerais sur le mur de sa chambre une photo de mon père et ses
    yeux ne la quitteraient jamais.
11. Je cacherais un grand poisson mou sous ses draps et quand elle

1   serait endormie il se mettrait à ramper, à se tortiller et à se couler
le long de ses hanches. Et cela sentirait mauvais.

12. JE ME RENDRAIS MALADE.

5   Dès que j'ai eu cette idée géniale, j'ai aussitôt abandonné ma liste;
c'était enfin le temps d'agir. En quelques secondes, j'avais déjà tout
planifié dans ma tête. Je m'enfermerais dans la salle de bains; dès que
j'entendrais sa clé tourner dans la serrure, je m'enfoncerais deux doigts
dans la gorge et j'en ferais sortir d'un jet toute ma rancune et son poisson

10   d'hier soir. Et je ferais beaucoup de bruit en allant m'extirper cette
mauvaise friture que j'avais dans le corps.

Elle, elle ne pourrait rien faire pour me venir en aide. Je ne la
laisserais pas entrer. Elle ne pourrait que se tenir droite devant la porte
et se trouver très moche. Elle aurait tout son temps pour se repentir de

15   m'avoir laissée seule et de m'avoir trompée; elle irait même, peut-être,
jusqu'à regretter le plaisir qu'elle avait eu sans moi. Elle aurait beau
m'appeler, me supplier de lui ouvrir, je ne lui répondrais même pas. Elle
se sentirait alors tout à fait impuissante. Et coupable. Chacun sa façon
et chacun son tour d'être absente.

20   Je ne sais pas quelle heure il était quand elle est rentrée. J'ai dû dormir longtemps, par terre, allongée sur la carpette devant la baignoire. Quand je me suis éveillée, il faisait très noir autour de moi. Il n'y
avait personne derrière la porte pour écouter, appeler ou supplier. Personne ne s'était inquiété de ce qui m'arrivait.

25   Je l'ai cherchée partout, dans le salon et la cuisine. J'ai seulement
vu que la cage était ouverte et que la perruche s'était enfuie. J'ai vu aussi
que le chandail bleu clair était terminé. À l'entrée, il y avait un gros
bouquet de roses rouges; je me suis approchée pour en vérifier la
texture: elles étaient naturelles. Mon cahier de français était resté à sa

30   place, personne n'y avait touché.

Sur la table, j'ai trouvé un petit mot griffonné à la hâte sur le feuillet
explicatif d'un stérilet: «Je suis morte de fatigue; laisse-moi dormir
jusqu'à demain matin. Fais-toi cuire un oeuf. Ta mère.»

Je ne reconnaissais ni la forme des lettres, ni la signature. Ça ne

35   pouvait pas être sa belle écriture de maîtresse d'école que j'avais si
souvent essayé d'imiter. Le papier lui-même avait une couleur bizarre,
comme cuivrée, avec des lettres noires. À l'endos, on pouvait voir un
utérus en forme d'entrée de caverne, avec une petite pioche au milieu
et une corde de pendu. Ce billet-là ne ferait pas partie de ma collection.

La porte de sa chambre était fermée; ce n'était pas son habitude. Je 1
n'ai pas osé frapper, appeler ou supplier. M'aurait-elle seulement entendue? Mais je me suis glissée quand même à côté d'elle, sans faire de
bruit. Je ne pouvais pas la toucher, ni même lui parler, mais je voulais
au moins la voir dormir; j'avais besoin d'être rassurée, comme lorsque 5
j'étais petite et que je l'avais vue en rêve se faire enlever par un géant
botté jusqu'aux cuisses. Blottie dans sa douillette, elle souriait
étrangement, comme sur la photo de ses vingt ans. Autour d'elle flottait
une odeur que je n'ai pas identifiée tout de suite. Une odeur d'homme
qui colle aux draps même quand le corps a disparu. À moins que ce ne 10
soit une odeur de friture du poisson d'hier soir, encore accrochée au
rideau blanc, entre le poêle et la chambre de ma mère.

J'ai vivement refermé la porte. Je suis revenue à la cuisine pour me
faire cuire un oeuf. Mais quand j'ai vu le blanc visqueux s'étendre au
fond de la casserole et la tache de sang au beau milieu du jaune, je n'ai 15
pu m'empêcher de vomir.

(Extrait de *La mémoire à deux faces*,
Montréal, © Les Editions du Boréal, 1988, 133 p.)

Exploitation

Compréhension de texte

A. *Lecture de survol*

1. Faites les fiches de vocabulaire des mots suivants: *légitime* (144,17), *équatorial* (147,15), *extirper* (148,10), *stérilet* (148,32), *blotti* (149,7), *visqueux* (149,14).

B. *Lecture annotée*

2. Décrivez, à l'aide d'extraits, l'apparence physique de la petite fille et de la mère.

3. Relevez les passages qui permettent de déterminer la situation sociale des personnages.

4. a. Un sentiment domine chez la fillette. Repérez les citations les plus pertinentes qui l'expriment.
   b. Quel extrait montre le traumatisme de l'enfant à la suite du divorce de ses parents?
   c. Quels passages permettent de mieux connaître la mère sur le plan psychologique?

5. Expliquez, à l'aide de citations, que la mère occupe le centre de la vie de l'enfant.

6. L'action centrale se résume ici à l'attente. Qu'est-ce qui la provoque, quelles en sont les étapes et comment se termine-t-elle?

7. Repérez toutes les indications de temps qui permettent d'établir la durée de l'action.

8. a. Où vivent les personnages?
   b. Recensez les indications de lieu qui livrent les caractéristiques de la maison telle que l'enfant la voit.

9. Cherchez dans le texte les interventions de la narratrice qui manifestent l'une ou l'autre de ses fonctions.

10. Divers extraits révèlent la grande solitude de l'enfant. Comment s'articule ce thème? (Voir chapitre 7.)

C. *Lecture de synthèse*

11. À quel moment le titre apparaît-il dans le déroulement de l'intrigue? Quel effet ce choix produit-il sur le lecteur?

12. a. Que nous apprend la liste des punitions que dresse l'enfant, d'abord sur elle-même, puis sur sa mère?
    b. Qualifiez la communication entre la mère et la fille.

13. Résumez l'action en vous servant du canevas suivant: qui fait quoi? à cause de qui ou de quoi? pour qui? à l'aide de qui ou de quoi? malgré qui ou quoi?

14. a. À quel type de narrateur avons-nous affaire?
    b. À quelle vision correspond ce type de narrateur?
    c. Quels sont les indices qui permettent d'identifier ce point de vue?
    d. À qui s'adresse la narratrice? Quel rôle joue ce narrataire?

15. Déterminez la durée de l'action.

16. a. Quelle signification d'ordre psychologique revêtent les caractéristiques de la maison?
    b. L'odeur du poisson habite l'espace. Que peut-elle bien représenter pour l'enfant?

17. a. Analysez tout le poids que prend la collection de messages conservés précieusement dans la boîte à biscuits. Pourquoi l'enfant refuse-t-elle de garder le dernier?
    b. Dans la recherche d'une punition, pourquoi l'enfant retient-elle l'idée de se rendre malade?

18. Quelles sont les caractéristiques de ce texte? Comment le classez-vous?

Étude approfondie: le temps

19. a. Identifiez dans le texte les procédés de datation tant absolue que relative.
    b. Recherchez les retours en arrière et les anticipations qui correspondent à des événements marquants dans la vie de la fillette.
    c. Précisez le temps de narration.

20. a. Relevez les extraits qui indiquent le décalage entre le temps chronologique et le temps intérieur de l'attente.
    b. À partir des citations retenues, expliquez en quoi consiste le temps psychologique.

21. Montrez le lien entre la perception du temps chez l'enfant et son occupation de l'espace.

22. Comment se rejoignent le traitement du thème, l'évolution du personnage et le temps psychologique du récit?

RECHERCHE ET CRÉATION

Anton Tchekhov, «Une nuit d'épouvante»

1. Imaginez une autre conclusion qui permettrait de maintenir le texte dans le fantastique pur.

2. Comment se relient le temps et la mort dans la thématique de Tchekhov? Étudiez, dans ce sens, quelques-unes de ses nouvelles à votre choix.

Esther Croft, «Fais-toi cuire un oeuf»

3. Le style d'Esther Croft rappelle ici celui de Romain Gary dans *La vie devant soi*. Choisissez un chapitre du roman que vous comparerez au récit, tant au niveau de l'humour que du ton employé.

4. Dans *La mémoire à deux faces*, Esther Croft a regroupé quinze nouvelles sous le thème du souvenir. Étudiez la place de «Fais-toi cuire un oeuf» dans le recueil.

5. Imaginez la lettre d'un(e) adolescent(e) issu(e) d'une famille monoparentale qui confie à un(e) ami(e) ce qu'il (elle) éprouve face à son parent.

6. Racontez un épisode de votre vie au cours duquel vous avez dû attendre longtemps. Imaginez toutes les phases de votre attente et leur écho sur votre état d'esprit. Employez comme techniques de narration différents procédés associés à la suspension du récit: anticipation, association d'images, rêveries, retours en arrière.

7. Imaginez la scène de rupture entre les parents de l'enfant.

CHAPITRE 6

L'espace

APERÇU THÉORIQUE

Du souci de vraisemblance qui régit le discours narratif découle la nécessité de situer les événements et les personnages dans un espace donné. Ainsi, des lieux réels ou imaginaires servent de cadre à l'action. Ils seront dits principaux ou secondaires, selon leur importance relative. Pour suggérer la dimension spatiale du récit, de brèves indications peuvent suffire, mais très souvent, le narrateur mettra à profit les diverses techniques narratives telles que les tableaux descriptifs, les descriptions intégrées au discours du personnage et les indications d'actions.

Dans l'étude de l'espace, il faut d'abord inventorier les lieux, puis, selon le cas, établir l'itinéraire du protagoniste. Cet itinéraire ne prendra une signification que s'il correspond à un véritable cheminement psychologique, intellectuel ou moral du personnage: quête d'identité, initiation, accomplissement de soi...

L'organisation spatiale peut engendrer aussi des oppositions significatives. Parmi les plus exploitées figurent le contraste entre le clos et l'ouvert, l'espace réel et l'espace rêvé, le haut et le bas, le labyrinthe et la voie droite, la ville et la campagne. Il importe de bien dégager le sens profond que prennent ces oppositions en identifiant les valeurs qu'elles représentent et en les reliant aux autres composantes du récit.

Enfin, certains éléments de l'espace revêtent parfois une signification symbolique. Ainsi, la pluie, le feu, le soleil, un arbre, un lieu particulier, un objet peuvent renvoyer à une réalité abstraite d'ordre psychologique, moral ou social... Pour pouvoir attribuer une valeur symbolique à certaines données spatiales, il faut que l'auteur ait suffisamment étoffé ses descriptions et que, par des répétitions calculées ou des indices précis, il nous livre en quelque sorte la clef de l'interprétation.

Notons, pour terminer, que l'auteur peut thématiser l'espace, c'est-à-dire lui donner une importance telle qu'il devienne le sujet même de l'oeuvre, ou, à tout le moins, un thème important.

Madeleine Ferron
(1922 -   )
Québec

L'avancement

Madeleine Ferron

Née à Louiseville le 24 juillet 1922, Madeleine Ferron s'intéresse très tôt à l'histoire et à la littérature. Essentiellement autodidacte, elle suivra tout de même quelques cours à l'Université de Montréal (1944) et, plus tard, à l'Université Laval, en ethnographie (1966). Membre du conseil d'administration de plusieurs organismes publics, présidente de la Fondation Robert-Cliche, elle se préoccupe éminemment des questions sociales. Elle a collaboré à plusieurs journaux et revues.

Son oeuvre se partage entre la fiction narrative et l'essai. Elle publie d'abord, en 1966, un recueil de contes, intitulé Coeur de sucre. *Suivront deux romans,* La fin des loups-garous *(1966) et* Le baron écarlate *(1971), remarqués par la critique. Avec Robert Cliche, elle signe deux essais consacrés à l'histoire de la Beauce, sa patrie d'adoption. Plus tard, elle voudra concilier le réel et la fiction dans un roman historique,* Sur le chemin Craig *(1983). Cependant, elle semble privilégier la nouvelle et publie quatre recueils de 1977 à 1989. Dans ces récits où dominent la tendresse et la nostalgie, se développent les thèmes de l'amour perdu, de la mort et de la lucidité.* Histoires édifiantes *a obtenu le Prix des Éditions La Presse en 1982.*

«L'avancement» est tiré du recueil Le chemin des dames *(1977). L'écriture, remarquable de brièveté et de densité, illustre, avec une grande économie de moyens, le mouvement féministe des années 1970. Quelques personnages fort bien campés, des dialogues incisifs et rapides, un itinéraire qui prend valeur de symbole: autant d'éléments qui témoignent de la maîtrise de l'auteur dans l'art du récit.*

Bibliographie sélective

• *Les Beaucerons, ces insoumis: 1735-1867* (1974), essai
• *Le chemin des dames* (1977), nouvelles
• *Un singulier amour* (1987), nouvelles
• *Le grand théâtre* (1989), nouvelles

— *I*nspecteur des Caisses Populaires... vous êtes promue, made-   1
moiselle Bellerose, au poste d'inspecteur...

Ou inspectrice... se demanda-t-il, étonné de n'avoir pas prévu ce
détail et agacé d'avoir à en décider sur-le-champ. Inspectrice...? Pourquoi féminiser son titre puisqu'elle veut se conduire en   5
homme? Inspecteur, répéta-t-il à haute voix d'un ton maussade. Il se
contrôla aussitôt.

— Excusez-moi de trouver cette nomination un peu surprenante,
ajouta-t-il onctueux.

Révoltante était le mot qui avait jailli des profondeurs de son   10
inconscient. Mais il avait aussitôt rejeté ce mot inavouable. Il laissa
l'étonnement recouvrir son regard comme de l'huile s'étend à la surface
d'un étang.

Mademoiselle Bellerose, consciente des sensations extrêmes qui
agitaient son vis-à-vis, baissa discrètement les paupières et fixa, dis-   15
traitement sembla-t-il, le buvard rouge du pupitre sur lequel pianotaient
nerveusement les doigts gras et courts du gérant de district. Elle n'aurait
jamais pensé qu'il puisse être si irrité de sa nomination au poste
d'inspecteur.

1   — Vous êtes la première femme...

Le téléphone, heureusement, sonna. Le gérant fit pivoter son fauteuil, répondit brusquement, profitant de la victime qui s'offrait innocemment au bout du fil pour se défouler. Il se libère ainsi d'une

5   colère malséante, pensa mademoiselle Bellerose. Elle en fut rassurée, ce qui lui fit recouvrer sa combativité. La première femme... Vous êtes la première femme... Pensait-il le lui apprendre? Depuis deux ans déjà qu'elle convoitait ce poste, deux ans qu'elle jouait d'intrigues et de conspiration! Elle pouvait sans remords confesser ce complot puisque

10   ses aspirations personnelles se confondaient avec celles du mouvement féministe auquel elle appartenait. Comment départager parmi les motivations qui engendrent les grandes causes les intérêts supérieurs des appétits personnels? Les uns se nourrissent des autres, réciproquement. Leur équation est difficile mais un fait demeure certain:

15   travailler au destin collectif permet aussi une certaine ambition personnelle, se concéda-t-elle afin que sa vanité triomphante devienne une satisfaction permise. Elle pensa qu'elle n'avait aucun intérêt à triompher d'une victoire trop personnelle. Il valait mieux qu'elle utilisât les armes familières aux femmes: l'astuce et la modestie.

20   Le gérant venait de raccrocher le récepteur.

— Où en étions-nous, déjà? demanda-t-il désinvolte et supérieur.

Il avait repris possession de ses moyens. Il joignit ses grasses mains et les posa, objets obscènes, sur son ventre rebondi. Puis il toisa la jeune femme de la tête aux pieds.

25   — Vous n'êtes pas tout à fait le type habituel d'un inspecteur de livres, conclut-il à haute voix en pensant qu'elle était provocante avec ce tailleur faussement austère, ces bas trop fins et ce chignon pesant qui lui faisait relever le menton comme si elle offrait son visage. Valérie Bellerose ne broncha pas. Est-ce qu'on s'est enquis de la longueur de

30   votre pénis avant de vous nommer gérant? se retint-elle de lui demander.

— Nous disions donc...

— Nous répétions... sourit-elle malicieuse.

— Vous êtes la première femme...

35   — J'espère que les comptables régionaux n'en seront pas aussi affectés.

— Moi? Mais j'en suis ravi...

Il souriait mais gardait sa tête inclinée vers son épaule comme font les oiseaux perplexes devant une proie qu'ils ne peuvent identifier.

— Je ferais peut-être mieux d'avertir.   1

Comme elle paraissait surprise, il lui apprit qu'on les envoyait toujours à l'improviste visiter les succursales régionales...

— Vous pouvez ainsi nous faire un rapport additionnel.

— Je n'aime pas jouer les espions, objecta-t-elle.   5

— Je vous demande de vous conformer aux habitudes, c'est tout, dit-il autoritaire en se levant. Mettre fin à l'entrevue était la meilleure façon d'interrompre la conversation.

— Bonne chance, mademoiselle, bonne chance, dit-il solennel et hypocrite en lui tendant la main.   10

Conditionnée par atavisme à être humble et soumise, la jeune femme saisie se leva aussitôt, remercia et sortit pour se précipiter vers le parc de stationnement. Elle mit en marche sa voiture neuve et fila vers le pont de Québec, en direction de Saint-David, comme un lièvre détale. Elle mit plusieurs milles à réaliser l'étendue de son éner-   15
vement. Elle en fut surprise puis humiliée et décida, comme elle approchait du bois de Sartigan, de s'arrêter quelques instants pour conjurer l'appréhension injustifiée mais réelle qui l'envahissait. Elle rangea sa voiture sur l'accotement, en descendit et se calma en retrouvant la senteur âcre de la terre printanière mêlée au parfum épicé des 20
fleurs de prunier. Des chatons verts tremblaient aux branches des peupliers et l'ourlet renversé des sillons de labour luisait d'humidité. Elle pensa que l'ail douce devait fleurir dans le sous-bois de l'érablière qui fermait l'horizon. Appuyée à la portière de sa voiture, elle frôla le paysage du regard comme on caresse de la main un velours. Mais au   25
fond de cette paix retrouvée, se glissa, comme une couleuvre dans une roseraie, un doute affreux. Une angoisse soudaine l'envahissait. La plénitude harmonieuse de cette nature étalée sous ses yeux, ajoutait, par opposition, un élément nouveau au souvenir pénible qu'elle gardait de son entrevue avec le gérant. Elle allait examiner avec lucidité, pensa-t- 30
elle, l'opportunité de l'agressive concurrence des sexes... Que gagneraient les femmes à accéder à ce Pouvoir exercé si désastreusement par les hommes? Elle commençait à s'interroger sur l'orientation de son engagement politique quand passa un automobiliste, cramponné au volant de sa Chrysler qui klaxonnait d'une façon hystérique. Valérie   35
Bellerose avait un tempérament inflammable; le feu qui l'embrasa n'était pas prévu.

Je vais lui montrer à ce maniaque... se dit-elle indignée en sautant dans sa voiture pour se lancer à la poursuite de la prétentieuse automo-

1 bile américaine. Elle la rattrapa aussitôt, retenue par un camion citerne. Au lieu de doubler par l'accotement de la chaussée comme le lui permettait sa petite voiture, elle décida subitement de rester derrière la Chrysler. Elle avait le goût soudain de s'amuser. Quand l'automobiliste put de nou-
5 veau accélérer, elle fit de même en s'efforçant de maintenir entre les deux véhicules une distance toujours égale comme si un lien invisible les tenait attachés l'un à l'autre. Ils traversèrent ainsi le premier villa- ge. Elle s'étonna d'oublier si facilement les inquiétudes pourtant réel- les, inhérentes à sa nouvelle fonction. Au carrefour du deuxième villa-
10 ge, un feu de circulation les immobilisa. Il ajusta son rétroviseur. Elle y aperçut des yeux interrogateurs et amusés. Au feu vert, ils démarrè- rent au même instant. Elle trouva si piquante cette façon imprévue de flirter que, sans trop y réfléchir, elle s'arrêta aussi au restaurant de l'Étoile rouge. Le voyage exhalait subitement un parfum d'aventure.
15 — C'était gentil de me tenir compagnie, dit l'homme, moqueur, après qu'ils eurent pris place au comptoir du restaurant.
— Moi, vous tenir compagnie?
Elle rit, faussement candide en assurant qu'elle voyageait souvent de cette façon: en convoi pour ainsi dire. Cette manière demandait si peu
20 d'efforts et d'attention qu'elle pouvait en même temps songer à ses affaires... Ces derniers mots étaient fortement appuyés. Valérie Bellerose voulait attirer l'attention de son interlocuteur sur son emploi pour atténuer l'impression qu'elle lui donnait peut-être d'être une racoleuse.
— Parce que Mademoiselle travaille! s'exclama-t-il moqueur. Elle
25 vend de la dentelle?
En guise de réponse, la jeune femme toisa l'homme d'un regard qui eut l'éclat d'une lame bien aiguisée.
— Faisons la paix, voulez-vous? reprit aussitôt ce dernier. Prenons un gin.
30 Elle acquiesça avec soulagement. Ils découvrirent bientôt qu'ils allaient tous les deux à Saint-David. Ils s'amusèrent de leur convoi prédestiné et portèrent un toast en son honneur. Un premier prétexte étant trouvé, les autres se seraient multipliés avec beaucoup de facilité n'eût été une question, banale en apparence, mais qui brassa les dés de
35 façon imprévue.
— Puis-je vous demander, mademoiselle, ce que vous allez faire à Saint-David?
Il envisageait déjà d'inscrire la soirée à venir au bilan de sa journée dans la colonne des victoires galantes. Sa présomption était apparente,

sa suffisance s'encanaillait.   1

— Bien sûr que vous pouvez m'interroger, répondit mademoiselle Bellerose avec empressement, ravie de pouvoir enfin exhiber sa promotion. Je suis inspecteur des Caisses... Je vais à Saint-David pour l'inspection annuelle.   5

En articulant ces mots d'une telle importance, elle se retourna vers son interlocuteur afin de recevoir des éloges mérités, que personne encore ne lui avait offerts. Que s'était-il passé, grands dieux! L'homme semblait complètement dégonflé, prêt à devenir agressif, elle le sentit aussitôt.   10

— On vous attend à Saint-David? maugréa-t-il.

— Je ne sais pas, mentit-elle, pressentant sous la question qu'on lui posait la violence d'une accusation.

— Vous le sauriez si vous aviez eu la précaution de prendre rendez-vous!   15

— Je ne vois pas, monsieur, de quel droit vous vous mêlez de mes affaires.

— Je me mêle de vos affaires parce qu'elles sont les miennes aussi.

— Ah?... Je ne comprends pas.

— Je suis, mademoiselle, le gérant du bureau de Saint-David.   20

Elle papillota des paupières d'une façon à peine perceptible qu'il ne remarqua pas heureusement. On m'apprendra à jouer l'aguicheuse motorisée! gémit-elle intérieurement. L'instant suivant, elle se sentit envahie par un fou rire qu'elle contrôla avec beaucoup de difficulté. J'en aurai pour une soirée à faire rigoler les amies, pensa-t-elle, toute une   25
soirée, c'est certain, mais pour l'instant, quel désastre... Me voilà contrainte à doubler d'astuce et de zèle... Ces réflexions passèrent en elle en éclairs successifs. Déjà elle s'était ressaisie.

— Avez-vous pensé qu'en arrêtant prendre un café, vous preniez une chance de me faire attendre? dit-elle moqueuse.   30

— Je ne peux pas vous faire attendre puisque n'ayant pas de rendez-vous, je ne vous attends pas.

— Ils furent contraints de rire mutuellement de leurs réparties mais, déconcertés, ils quittèrent le restaurant.

— Je peux continuer à vous servir de pilote, dit-il malicieusement   35
en refermant la portière de sa voiture.

— Je ne demande pas mieux, répondit-elle en admirant cette façon élégante dont il camouflait sa contrariété. Elle ne se trahissait que dans la raideur du geste et un tic subit de la bouche. Il est vraiment agacé, lui

1   aussi, constata-t-elle amèrement.

        — Je vous attendrai à mon bureau.

        Ils étaient repartis, lui devant, elle derrière.

        Et si je le devançais, pensa-t-elle stimulée tout à coup par une folle
5   et subite fureur. Elle se cala sur son siège, se concentra, contrôla de
justesse sa peur, oublia sa prudence naturelle et doubla la voiture du
gérant, le regard fixe, le visage impassible, propulsée par ce désir
immodéré d'abolir sur-le-champ ce mythe tenace et sans fondement
justifié de la supériorité du mâle au volant.

10   Quand le gérant arriva à sa succursale, mademoiselle Bellerose
était assise en face de son pupitre dans l'attitude d'une femme calme et
disponible. Tiraillé entre sa vanité personnelle et son devoir, le gérant
énervé laissa échapper maladroitement:

        — Félicitations, vous conduisez comme un homme.

15   — Voilà un compliment de taille!

        Il sentit l'ironie, mesura l'ampleur de sa gaffe et pour l'annuler
offrit à la jeune femme le déjeuner avant de commencer la vérification
des livres.

        — Merci, répondit-elle, suave. Le café de tantôt me suffit. De
20   toute façon, je travaille mieux à jeun.

        — Très bien, dit-il sèchement, je fais venir le comptable. Elle
regretta aussitôt son zèle intempestif. Elle venait de se condamner à un
rythme de travail imprévisible et probablement insoutenable.

        Vers les quatre heures de l'après-midi, elle était devenue une
25   pauvre chose tenaillée de points douloureux: deux aux creux des
orbites, un entre les omoplates particulièrement cuisant. À ce rythme-
là, se dit-elle intérieurement, je serai dans le cimetière au mois de
novembre, en pleine saison des chrysanthèmes que je n'aime pas! À
cinq heures, quand les employés quittèrent les bureaux après l'avoir
30   saluée discrètement, elle ne travaillait plus que par automatisme. Le
gérant manifestait sa présence par des bruits qu'il signalait de son
bureau.

        — Patientez, lui cria-t-elle désinvolte, faussement joyeuse. Je
n'en ai plus que pour dix minutes.

35   Quand le gérant reconduisit Valérie Bellerose à sa voiture, il était
déférent, voire respectueux. Il serra la main de la jeune femme avec
chaleur.

        — Vous avez toute mon admiration, vos prédécesseurs mettaient
deux jours à faire ce travail.

Il était sincère. Elle en fut sidérée. Cette admiration provoquée si 1
péniblement se transformait en condamnation définitive. Elle venait de
s'obliger à travailler à perpétuité au-delà de ses forces et de son inten-
tion.

Je suis orgueilleuse, sotte et ridicule, se répéta-t-elle tout au long 5
du trajet de retour. Quand elle atteignit le parc de stationnement du
bureau central à Québec, elle était exténuée, dans un état proche de la
torpeur. Elle habitait à deux rues de cet édifice où elle travaillait. Un
édifice immense vers lequel elle leva un regard nouveau. Il était coulé
d'un seul bloc, hermétique avec des rectangles de mur vitrifiés en guise 10
de fenêtres. Elle revit à l'intérieur l'alignement des bureaux, niches im-
peccables, aseptiques, climatisées, blafardes de lumière néon. L'édifice
lui apparut comme un gigantesque couvoir. Qui produira, pensa-t-elle,
après diverses mutations génétiques, un type d'homme nouveau: long,
vert, avec une grosse tête, des mains qui transpirent et une peau moite 15
sentant la mort. Et des femmes de même venue qui auront ainsi atteint
à l'égalité des sexes!

Son désarroi égala sa lassitude. Comme elle se hâtait vers la sortie
du parc, elle aperçut, coincé dans l'encoignure d'une muraille, un chétif
lilas en fleurs. Une angoisse subite monta en elle, du fond des âges. Le 20
mur allait se refermer sur l'arbuste comme un missel sur une fleur sé-
chée. Elle s'enfuit en courant.

(Extrait de *Le chemin des dames,*
Montréal, © Éditions La Presse, 1977, 166 p.)

Exploitation

A. Lecture de survol

1. a. Donnez le féminin des professions et désignations suivantes: *metteur en scène, professeur, directeur, médecin, poète, contremaître, policier, soldat; un grand homme, un homme public, un professionnel.*
    b. Quelles observations pouvez-vous tirer de cet exercice?

2. Valérie Bellerose est *conditionnée par atavisme* (163,11), c'est-à-dire qu'elle est conditionnée...

3. Trouvez l'équivalent français de l'anglicisme *prendre une chance* (165,29).

4. Cherchez les antonymes en contexte des mots suivants: *maussade (161,6), malséante (162,5), désinvolte (162,21), perplexe (162,39), candide (164,18), déconcerté (165,34), intempestif (166,22), aseptique (167,12), blafardes (167,12), chétif (167,19).*

B. Lecture annotée

5. Qu'est-ce qui caractérise l'aspect physique
    a. de Valérie Bellerose?
    b. du gérant de district?

6. À l'aide de citations, tracez le profil social de Valérie Bellerose.

7. a. Quels passages du texte montrent l'ambition du personnage féminin? Comment se manifestent sa ruse? sa vanité? son caractère impulsif? sa combativité? son orgueil? sa vaillance?
    b. Quel est le trait de caractère dominant du gérant de district? Trouvez un extrait qui exprime sa vexation devant la promotion de Valérie Bellerose.
    c. Comment la psychologie du gérant du bureau de St-David est-elle décrite?

8. Relevez les citations les plus significatives qui permettent de définir, d'une part, la relation qu'entretient Valérie Bellerose avec son patron et, d'autre part, avec le gérant du bureau de Saint-David.

9. Quel point de vue emprunte le narrateur du récit? Justifiez votre réponse.

10. a. Quelles techniques emploie la narratrice pour situer les événements dans le temps?
    b. Identifiez, à l'aide de citations, les techniques utilisées dans l'organisation de décalages entre le temps de fiction et le temps de narration.

11. Recensez toutes les indications de lieu.

C. Lecture de synthèse

12. Qui est Valérie Bellerose?

13. a. Dans le schéma actantiel, montrez que l'objet poursuivi par l'héroïne correspond au thème développé dans le récit.
    b. Expliquez pourquoi le gérant de Saint-David joue à la fois le rôle d'adjuvant et d'opposant.
    c. Quelle attitude de Valérie Bellerose l'aide à atteindre son but?

14. Déterminez l'état initial, la provocation, l'action, la sanction et l'état terminal qui forment la structure des événements.

15. a. Précisez la durée de l'action (temps de fiction) et le temps de narration.
    b. En quelle saison sommes-nous?
    c. Dans quelle décennie se situe l'action?

16. En quoi diffèrent les deux villes où se produisent les événements?

17. a. Expliquez le titre en fonction du thème développé.
    b. Dégagez la constellation thématique de «L'avancement» (thème et sous-thèmes).

18. De quel type de texte s'agit-il? Donnez-en les caractéristiques.

Étude approfondie: l'espace

19. a. Donnez les étapes physiques de l'itinéraire de Valérie Bellerose.
    b. Au cours de cet itinéraire, l'héroïne subit une transformation intérieure. Évaluez son cheminement.
    c. Au-delà du personnage, la route acquiert-elle une valeur symbolique plus large?

20. Comment le thème de la rivalité des sexes se manifeste-t-il de façon concrète sur la route et au lieu d'arrivée? Illustrez à l'aide de citations.

21. Relevez deux oppositions significatives. Notez les passages où elles s'expriment et précisez leur sens profond en relation avec le thème du récit.

22. Dans le dernier paragraphe, quel élément de l'espace prend une valeur symbolique? Expliquez cette valeur en référence aux principales composantes de ce récit.

Alphonse Daudet
(1840-1897)
France

La chèvre de M. Seguin

Alphonse Daudet

Alphonse Daudet est né à Nîmes le 13 mai 1840. Il fait ses études secondaires au lycée Ampère, mais la ruine de ses parents, en 1857, l'oblige à renoncer au baccalauréat. Maître d'internat au collège d'Alès, il rejoint par la suite son frère Ernest à Paris où il commence à publier ses écrits. À partir de 1860, son poste de secrétaire chez le duc de Mornay lui laisse toute liberté pour voyager et écrire. Il fréquente le monde littéraire et artistique de l'époque: Flaubert, Zola, Goncourt, Manet, Monet, Renoir et d'autres. Installé à Champrosay, il exerce son influence sur de jeunes écrivains tels que Proust et Barrès. Goncourt le nomme exécuteur testamentaire et membre de sa future académie. Il meurt le 16 décembre 1897 à Champrosay.

Romancier, dramaturge, poète, Daudet collabore également à divers journaux et y fait paraître des chroniques et des contes. Dès ses débuts, il publie aussi bien des poésies que des pièces de théâtre. En 1869, Les Lettres de mon moulin *rassemblent des textes déjà parus dans les journaux, de même que les* Contes du Lundi *(1893) inspirés de la guerre franco-allemande et de la Commune. Bien que son roman* Tartarin de Tarascon *(1872) et que sa pièce l'*Arlésienne *(1872) n'obtiennent pas le succès escompté, les romans de moeurs subséquents lui assurent la gloire, entre autres,* Le Trésor d'Arlatan *(1897).*

Puisée dans Les Lettres de mon Moulin, *«La chèvre de M. Seguin» figure sans doute comme l'oeuvre la plus connue de Daudet. S'y reconnaissent la fraîcheur et la poésie de son style. Le distingue également ce ton familier avec lequel il fait du lecteur son complice dans le récit des aventures que vivent ses personnages attendrissants. Ici, le jeu Paris-Provence se révèle derrière l'opposition du clos et de la montagne où ira lutter puis mourir la chèvre (ou l'écrivain...) qui possède une ambition trop grande.*

Bibliographie sélective

• *Le petit Chose* (1868), roman
• *Les lettres de mon moulin* (1869), contes
• *Contes du lundi* (1873), contes
• *Le nabab* (1877), roman

À M. Pierre Gringoire,
poète lyrique à Paris

*T*u seras bien toujours le même, mon pauvre Gringoire! 1

Comment! on t'offre une place de chroniqueur dans un bon journal de Paris, et tu as l'aplomb de refuser... Mais regarde-toi, malheureux garçon! Regarde ce pourpoint troué, ces chausses en déroute, cette face maigre qui crie la faim. Voilà pourtant où t'a conduit la passion des 5 belles rimes! Voilà ce que t'ont valu dix ans de loyaux services dans les pages du sire Apollo... Est-ce que tu n'as pas honte, à la fin?

Fais-toi donc chroniqueur, imbécile! fais-toi chroniqueur! Tu gagneras de beaux écus à la rose, tu auras ton couvert chez Brébant, et tu pourras te montrer les jours de première avec une plume neuve à ta 10 barrette...

Non? Tu ne veux pas? Tu prétends rester libre à ta guise jusqu'au bout... Eh bien, écoute un peu l'histoire de *La Chèvre de M. Seguin.* Tu verras ce que l'on gagne à vouloir vivre libre.

 15

M. Seguin n'avait jamais eu de bonheur avec ses chèvres.

Il les perdait toutes de la même façon; un beau matin, elles cassaient leur corde, s'en allaient dans la montagne, et là-haut le loup les mangeait. Ni les caresses de leur maître, ni la peur du loup, rien ne les

1 retenait. C'étaient, paraît-il, des chèvres indépendantes, voulant à tout prix le grand air et la liberté.

Le brave M. Seguin, qui ne comprenait rien au caractère de ses bêtes, était consterné. Il disait:

5 « C'est fini; les chèvres s'ennuient chez moi, je n'en garderai pas une.»

Cependant, il ne se découragea pas, et, après avoir perdu six chèvres de la même manière, il en acheta une septième; seulement, cette fois, il eut soin de la prendre toute jeune, pour qu'elle s'habituât mieux
10 à demeurer chez lui.

Ah! Gringoire, qu'elle était jolie la petite chèvre de M. Seguin! qu'elle était jolie avec ses yeux doux, sa barbiche de sous-officier, ses sabots noirs et luisants, ses cornes zébrées et ses longs poils blancs qui lui faisaient une houppelande! C'était presque aussi charmant que le
15 cabri d'Esméralda — tu te rappelles, Gringoire? — et puis, docile, caressante, se laissant traire sans bouger, sans mettre son pied dans l'écuelle. Un amour de petite chèvre...

M. Seguin avait derrière sa maison un clos entouré d'aubépines. C'est là qu'il mit la nouvelle pensionnaire. Il l'attacha à un pieu au plus
20 bel endroit du pré, en ayant soin de lui laisser beaucoup de corde, et de temps en temps il venait voir si elle était bien. La chèvre se trouvait très heureuse et broutait l'herbe de si bon coeur que M. Seguin était ravi.

« Enfin, pensait le pauvre homme, en voilà une qui ne s'ennuiera pas chez moi!»
25 M. Seguin se trompait, sa chèvre s'ennuya.

Un jour, elle se dit en regardant la montagne: « Comme on doit être bien là-haut! Quel plaisir de gambader dans la bruyère, sans cette maudite longe qui vous écorche le cou!... C'est bon pour l'âne ou le
30 boeuf de brouter dans un clos!... Les chèvres, il leur faut du large.»

À partir de ce moment, l'herbe du clos lui parut fade. L'ennui lui vint. Elle maigrit, son lait se fit rare. C'était pitié de la voir tirer tout le jour sur sa longe, la tête tournée du côté de la montagne, la narine ouverte, en faisant Mé!... tristement.

35 M. Seguin s'apercevait bien que sa chèvre avait quelque chose, mais il ne savait pas ce que c'était... Un matin, comme il achevait de la traire, la chèvre se retourna et lui dit dans son patois:

« Écoutez, monsieur Seguin, je me languis chez vous, laissez-moi aller dans la montagne.

— Ah! mon Dieu!... Elle aussi!» cria M. Seguin stupéfait, et du coup il laissa tomber son écuelle; puis, s'asseyant dans l'herbe à côté de sa chèvre:

« Comment, Blanquette, tu veux me quitter!»

Et Blanquette répondit:

« Oui, monsieur Seguin.

— Est-ce que l'herbe te manque ici?

— Oh! non, monsieur Seguin.

— Tu es peut-être attachée de trop court. Veux-tu que j'allonge la corde?

— Ce n'est pas la peine, monsieur Seguin.

— Alors, qu'est-ce qu'il te faut? qu'est-ce que tu veux?

— Je veux aller dans la montagne, monsieur Seguin.

— Mais, malheureuse, tu ne sais pas qu'il y a le loup dans la montagne... Que feras-tu quand il viendra?...

— Je lui donnerai des coups de corne, monsieur Seguin.

— Le loup se moque bien de tes cornes. Il m'a mangé des biques autrement encornées que toi... Tu sais bien, la pauvre vieille Renaude qui était ici l'an dernier? une maîtresse chèvre, forte et méchante comme un bouc. Elle s'est battue avec le loup toute la nuit... puis, le matin, le loup l'a mangée.

— Pécaïre! Pauvre Renaude!... Ça ne fait rien, monsieur Seguin, laissez-moi aller dans la montagne.

— Bonté divine!... dit M. Seguin; mais qu'est-ce qu'on leur fait donc à mes chèvres? Encore une que le loup va me manger... Eh bien, non... je te sauverai malgré toi, coquine! et de peur que tu ne rompes ta corde, je vais t'enfermer dans l'étable, et tu y resteras toujours.»

Là-dessus, M. Seguin emporte la chèvre dans une étable toute noire, dont il ferma la porte à double tour. Malheureusement, il avait oublié la fenêtre, et à peine eut-il le dos tourné, que la petite s'en alla...

Tu ris, Gringoire? Parbleu! je crois bien; tu es du parti des chèvres, toi, contre ce bon M. Seguin... Nous allons voir si tu riras tout à l'heure.

Quand la chèvre blanche arriva dans la montagne, ce fut un ravissement général. Jamais les vieux sapins n'avaient rien vu d'aussi joli. On la reçut comme une petite reine. Les châtaigniers se baissaient jusqu'à terre pour la caresser du bout de leurs branches. Les genêts d'or s'ouvraient sur son passage, et sentaient bon tant qu'ils pouvaient. Toute la montagne lui fit fête.

Tu penses, Gringoire, si notre chèvre était heureuse! Plus de corde,

1   plus de pieu... rien qui l'empêchât de gambader, de brouter à sa guise...
     C'est là qu'il y en avait de l'herbe! jusque par-dessus les cornes, mon
     cher!... Et quelle herbe! Savoureuse, fine, dentelée, faite de mille
     plantes... C'était bien autre chose que le gazon du clos. Et les fleurs
5   donc!... De grandes campanules bleues, des digitales de pourpre à longs
     calices, toute une forêt de fleurs sauvages débordant de sucs capiteux!...
         La chèvre blanche, à moitié saoule, se vautrait là-dedans les
     jambes en l'air et roulait le long des talus, pêle-mêle avec les feuilles
     tombées et les châtaignes... Puis, tout à coup, elle se redressait d'un bond
10   sur ses pattes. Hop! la voilà partie, la tête en avant, à travers les maquis
     et les buissières, tantôt sur un pic, tantôt au fond d'un ravin, là-haut, en
     bas, partout... On aurait dit qu'il y avait dix chèvres de M. Seguin dans
     la montagne.
         C'est qu'elle n'avait peur de rien, la Blanquette.
15   Elle franchissait d'un saut de grands torrents qui l'éclaboussaient
     au passage de poussière humide et d'écume. Alors, toute ruisselante,
     elle allait s'étendre sur quelque roche plate et se faisait sécher par le
     soleil... Une fois, s'avançant au bord d'un plateau, une fleur de cytise
     aux dents, elle aperçut en bas, tout en bas dans la plaine, la maison de
20   M. Seguin avec le clos derrière. Cela la fit rire aux larmes.
         « Que c'est petit! dit-elle; comment ai-je pu tenir là-dedans?»
         Pauvrette! de se voir si haut perchée, elle se croyait au moins aussi
     grande que le monde...
         En somme, ce fut une bonne journée pour la chèvre de M. Seguin.
25   Vers le milieu du jour, en courant de droite et de gauche, elle tomba dans
     une troupe de chamois en train de croquer une lambrusque à belles
     dents. Notre petite coureuse en robe blanche fit sensation. On lui donna
     la meilleure place à la lambrusque, et tous ces messieurs furent très
     galants... Il paraît même — ceci doit rester entre nous, Gringoire —
30   qu'un jeune chamois à pelage noir eut la bonne fortune de plaire à
     Blanquette. Les deux amoureux s'égarèrent parmi le bois une heure ou
     deux, et si tu veux savoir ce qu'ils dirent, va le demander aux sources
     bavardes qui courent invisibles dans la mousse.
         Tout à coup le vent fraîchit. La montagne devint violette; c'était
35   le soir...
         « Déjà! » dit la petite chèvre, et elle s'arrêta fort étonnée.
         En bas, les champs étaient noyés de brume. Le clos de M. Seguin
     disparaissait dans le brouillard, et de la maisonnette on ne voyait plus
     que le toit avec un peu de fumée. Elle écouta les clochettes d'un troupeau

qu'on ramenait, et se sentit l'âme toute triste... Un gerfaut, qui rentrait, 1
la frôla de ses ailes en passant. Elle tressaillit... puis ce fut un hurlement
dans la montagne:

« Hou! hou! »

Elle pensa au loup, de tout le jour la folle n'y avait pas pensé... Au 5
même moment une trompe sonna bien loin dans la vallée. C'était ce bon
M. Seguin qui tentait un dernier effort.

« Hou! hou!... faisait le loup.

— Reviens! reviens!...» criait la trompe.

Blanquette eut envie de revenir; mais en se rappelant le pieu, la 10
corde, la haie du clos, elle pensa que maintenant elle ne pouvait plus se
faire à cette vie, et qu'il valait mieux rester.

La trompe ne sonnait plus...

La chèvre entendit derrière elle un bruit de feuilles. Elle se retourna
et vit dans l'ombre deux oreilles courtes, toutes droites, avec deux yeux 15
qui reluisaient... C'était le loup.

Énorme, immobile, assis sur son train de derrière, il était là
regardant la petite chèvre blanche et la dégustant par avance. Comme il
savait bien qu'il la mangerait, le loup ne se pressait pas; seulement,
quand elle se retourna, il se mit à rire méchamment. 20

« Ha! ha! la petite chèvre de M. Seguin »; et il passa sa grosse
langue rouge sur ses babines d'amadou.

Blanquette se sentit perdue... Un moment, en se rappelant l'histoire
de la vieille Renaude, qui s'était battue toute la nuit pour être mangée
le matin, elle se dit qu'il vaudrait peut-être mieux se laisser manger tout 25
de suite; puis, s'étant ravisée, elle tomba en garde, la tête basse et la
corne en avant, comme une brave chèvre de M. Seguin qu'elle était...
Non pas qu'elle eût l'espoir de tuer le loup — les chèvres ne tuent pas
le loup — mais seulement pour voir si elle pourrait tenir aussi longtemps
que la Renaude... 30

Alors le monstre s'avança, et les petites cornes entrèrent en danse.

Ah! la brave petite chevrette, comme elle y allait de bon coeur! Plus
de dix fois, je ne mens pas, Gringoire, elle força le loup à reculer pour
reprendre haleine. Pendant ces trêves d'une minute, la gourmande
cueillait en hâte encore un brin de sa chère herbe; puis elle retournait au 35
combat, la bouche pleine... Cela dura toute la nuit. De temps en temps
la chèvre de M. Seguin regardait les étoiles danser dans le ciel clair, et
elle se disait:

« Oh! pourvu que je tienne jusqu'à l'aube...»

1   L'une après l'autre, les étoiles s'éteignirent. Blanquette redoubla
de coups de cornes, le loup de coups de dents... Une lueur pâle parut dans
l'horizon... Le chant du coq enroué monta d'une métairie.
       « Enfin! » dit la pauvre bête, qui n'attendait plus que le jour pour
5   mourir; et elle s'allongea par terre dans sa belle fourrure blanche toute
tachée de sang...
       Alors le loup se jeta sur la petite chèvre et la mangea.

       Adieu, Gringoire!
10   L'histoire que tu as entendue n'est pas un conte de mon invention.
Si jamais tu viens en Provence, nos ménagers te parleront souvent de la
*cabro de moussu Seguin, que se battégue touto la neui emé lou loup, e
piei lou matin lou loup la mangé.*[1]
       Tu m'entends bien, Gringoire:
15   *E piei lou matin lou loup la mangé.*

                                    (Extrait de *Les lettres de mon moulin.*)

---

1. La chèvre de M. Seguin, qui se battit toute la nuit avec le loup, et puis, le matin, le
   loup la mangea.

Exploitation

Compréhension de texte

A. *Lecture de survol*

1. Inventoriez les noms d'arbres, d'arbustes et de fleurs. Notez toutes les sensations visuelles, auditives, olfactives, gustatives et tactiles que révèle le texte. Que retenez-vous de cet exercice?

2. a. Donnez l'étymologie de *pécaïre* (175,22), d'*amadou* (177,22) et de *parbleu* (175,31).
   b. Trouvez les autres termes qui désignent une chèvre.

3. Remplissez les pointillés à l'aide des mots que vous choisirez dans la liste suivante: *pourpoint, chausses, barrette, houppelande, gerfaut, chamois, clos, trompe, languir, vautrer, trêve.*

   Vêtu d'un .... et de ...., Gringoire s'enveloppa d'une .... et mit sa .... sur sa tête. Fuyant le .... parce qu'elle se .... de liberté, la chèvre de M. Seguin se retrouve dans la montagne. Sous l'oeil du .... et en compagnie des ...., elle se .... dans les herbes jusqu'à ce qu'elle entende le hurlement du loup et l'appel de la .... Le loup ne lui accorde guère de .... avant de la manger à l'aube.

4. Qui est Gringoire? Précisez son époque.

B. *Lecture annotée*

5. Repérez un passage où l'on décrit l'aspect physique de la chèvre de M. Seguin; du loup; de Gringoire.

6. Quel métier exerce Gringoire et que lui propose le narrateur pour améliorer sa situation financière?

7. a. Quel trait de caractère pousse les chèvres à rechercher la liberté? Trouvez un extrait qui le prouve.

    b. Quel effet leur captivité produit-elle sur les chèvres de M. Seguin?

    c. À l'aide de citations, montrez-en les répercussions physiques chez Blanquette.

    d. Dans le dialogue entre M. Seguin et Blanquette, faites ressortir les traits psychologiques de la chèvre.

    e. Relevez un extrait qui montre la joie de Blanquette lorsqu'elle découvre la liberté.

    f. Lors du combat, qu'est-ce qui caractérise l'attitude de la chèvre?

8. En vous appuyant sur des extraits significatifs, caractérisez les relations de M. Seguin avec Blanquette; de Blanquette avec la nature; de Blanquette avec le chamois; de Blanquette avec le loup.

9. Dressez la liste des événements du récit.

10. a. Le narrateur est-il intégré à l'histoire qu'il raconte?

    b. Qui est le narrataire? Est-il intégré à l'histoire? Est-il contemporain de Daudet?

11. a. Avant que le narrateur entreprenne le récit proprement dit, quelle fonction caractérise son intervention?

    b. À quelles fonctions le narrateur fait-il appel dans les extraits suivants?
    - «[...] tu te rappelles, Gringoire?» (174,15)
    - «[...] je ne mens pas, Gringoire [...]» (177,33)
    - «L'histoire que tu as entendue n'est pas un conte de mon invention.» (178,10)

12. a. Quel procédé privilégie l'auteur, lorsqu'il situe les événements dans le temps?

    b. Trouvez deux exemples de signes extérieurs de l'écoulement du temps.

    c. Dans les techniques de décalage du temps, relevez deux retours en arrière et deux anticipations.

13. Repérez toutes les indications de lieu qui concernent le clos et la montagne.

C. *Lecture de synthèse*

14. Sur quoi le titre met-il l'accent? Imaginez un autre titre en mettant en évidence le thème.

15. Qui est le personnage principal? Déterminez l'objet qu'il poursuit. Complétez le schéma actantiel.

16. Résumez en une ou deux phrases l'aventure de Blanquette en tenant compte des traits dominants de sa psychologie.

17. Dégagez la structure de l'intrigue.

18. a. Combien de temps la chèvre de M. Seguin passe-t-elle dans la montagne? Établissez le temps de narration.
    b. Définissez le temps de fiction dans ce texte.

19. À quelle ville fait-on référence et quelle région de la France est évoquée ici?

20. L'histoire de la chèvre de M. Seguin se classe-t-elle dans le conte philosophique, le conte moral ou la nouvelle? Justifiez votre réponse.

21. a. Quel thème l'aventure de la chèvre illustre-t-elle?
    b. Une fable de La Fontaine traite du même sujet. Laquelle?
    c. De quoi le narrateur veut-il convaincre Gringoire en lui racontant son histoire?

Étude approfondie: l'espace

22. Distinguez les lieux principaux du lieu secondaire de l'action.

23. a. Le clos et la montagne s'opposent. Que représente chacun de ces espaces?
    b. En quoi le traitement de l'espace illustre-t-il certains aspects du thème?
    c. Peut-on dire aussi que Paris s'oppose à la Provence? Expliquez pourquoi.

24. La montagne prend des visages différents pour Blanquette, selon les heures du jour et de la nuit. Lesquels et que symbolisent-ils?

25. Inventoriez les techniques qu'utilise Daudet pour suggérer la dimension spatiale.

RECHERCHE ET CRÉATION

Madeleine Ferron, «L'avancement»

1. Montrez que Valérie Bellerose est le produit de son époque.

2. Qu'a apporté le mouvement féministe à la société québécoise? Faites-en ressortir les côtés positifs et négatifs.

3. Composez une histoire traitant du même thème, mais en mettant l'accent sur une autre composante que l'espace.

Alphonse Daudet, «La chèvre de M. Seguin»

4. Retracez la genèse des *Lettres de mon moulin* dont fait partie «La chèvre de M. Seguin».

5. Les enfants diraient que Blanquette est désobéissante. Racontez un petit malheur de votre enfance survenu à la suite d'une désobéissance.

6. Avez-vous déjà perdu un animal auquel vous étiez attaché? Racontez l'événement à la manière de Daudet.

Jakob et Wilhelm Grimm, «Jean le veinard» et Alphonse Daudet, «La chèvre de M. Seguin»

7. «Jean le veinard», tout comme «La chèvre de M. Seguin», développe le thème de la liberté. Montrez que les deux auteurs n'arrivent pas aux mêmes conclusions.

CHAPITRE 7

Le thème

APERÇU THÉORIQUE

Même dans le récit le plus court, l'écrivain développe un sujet. Il exprime alors sa vision du monde dans ce qui s'appelle le thème. Responsable de l'unité de l'oeuvre, le thème majeur la traverse en entier et se cristallise généralement dans le personnage principal.

Comment cerner le thème? D'abord, il s'actualise dans une ou plusieurs des composantes romanesques, de même que par l'emploi d'une technique dominante. Il faut donc en rechercher les indices à travers la dynamique des personnages, les péripéties de l'action, les données spatio-temporelles ou encore le cadre socioculturel.

Souvent universel, le thème est étroitement lié au point de vue de narration, c'est-à-dire à la perspective particulière qu'emprunte le narrateur pour élaborer le sujet. À l'instar du motif dans une pièce musicale, il se développe tout au long du récit selon des modulations variées appelées sous-thèmes. Il s'agit, en effet, de différentes facettes du sujet. Par ailleurs, les thèmes mineurs, peu approfondis, évoluent à la périphérie du thème dominant et ne s'y rattachent que de loin. Enfin, l'ensemble des thèmes, sous-thèmes et thèmes mineurs trace la configuration thématique du récit. Globalement, l'étude exhaustive du thème s'impose pour découvrir toute la richesse d'une vision du monde particulière, car, liée aux autres composantes romanesques, elle permet de dégager la signification profonde de l'oeuvre.

Roch Carrier
(1937 -   )
Québec

Le destin

Roch Carrier

Roch Carrier est né le 13 mai 1937 à Sainte-Justine. Ses études le conduisent à la Sorbonne où il obtient en 1978 un doctorat en littérature. De 1958 à 1960, il occupe un poste de journaliste au Nouveau-Brunswick puis, à partir de 1965, il devient professeur de littérature au Collège militaire royal de Saint-Jean. Il collabore aux revues Châtelaine, Les Écrits du Canada français *et* La Barre du jour *et, de 1971 à 1974, il remplit la fonction de Secrétaire général du Théâtre du Nouveau Monde.*

Abondante, l'oeuvre de Carrier témoigne de son talent multiple. Il touche à la poésie, au théâtre, mais les textes narratifs (conte, nouvelle et roman) prennent une large part dans sa création. En 1964, il obtient, pour son recueil de contes Jolis Deuils, *le Prix littéraire de la province de Québec (pour une oeuvre d'imagination). Puis, en 1980, le Grand Prix littéraire de la ville de Montréal lui est décerné pour les contes* Les Enfants du bonhomme dans la lune.

Publié dans Jolis Deuils, *«Le Destin» exploite le thème du pouvoir absolu. Dans un style dépouillé et concis, l'auteur jette un regard incisif et pénétrant sur ce mal qui traduit l'incapacité des hommes à se gouverner avec harmonie et justice.*

Bibliographie sélective

- *La guerre, yes sir!* (1968), roman; (1970), théâtre
- *La céleste bicyclette* (1980), théâtre
- *Le chandail de hockey* (1984), contes
- *L'homme dans le placard* (1991), roman
- *Fin* (1992), roman

*D*e tout temps, les empereurs ont admiré leurs portraits, s'ils   1
étaient grands.

Un empereur commanda une statue de lui qui fût plus haute que la
plus élevée montagne de ses terres. Les plus géniaux de ses artistes
taillèrent et taillèrent la pierre. La statue consentit à ressembler à son   5
modèle lorsqu'elle ne fut que d'une hauteur d'homme. C'était une
offense. L'Empereur trancha lui-même la gorge à cent sculpteurs le soir
de l'inauguration du monument pendant qu'un orchestre de mille
cithares et de mille flûtes et autant de jeunes hommes à voix féminines
scandaient un thrène. Le peuple comprit alors combien l'Empereur était   10
grand.

Aussi, un cataclysme n'aurait-il pas plus ébranlé la capitale que
cette tache de fiente maculant le visage de l'Empereur bien éclairé par
la lumière du lendemain.

L'Empereur ordonna que fussent brûlés tous ceux que l'on pouvait   15
soupçonner de lui avoir, dans le passé, manqué de respect soit par leurs
paroles, soit par leur silence. Le visage impérial fut lavé de ce sang.

Malgré les soldats vêtus de fer qui montaient la garde la nuit
suivante, l'oiseau laissa tomber sur le front sacré une autre étoile de
fiente. Les soldats furent brûlés vifs ainsi que leurs veuves puis leurs   20

1 enfants. Et l'Empereur ordonna la construction d'un immense balda-
quin.

Architectes, charpentiers, maçons, orfèvres et tisserands unirent
leur travail pour édifier un toit protecteur inébranlable comme le temple
5 de Dagon et joli comme le coffret à bijoux de l'impératrice. Cette
construction, raconte la légende, s'avéra inefficace; le noble front de
l'Empereur fut malgré elle profané. Tous ceux qui avaient participé à
ces travaux et tous ceux qui n'avaient pas proposé une solution plus
adéquate périrent.

10 L'Empereur disposa alors autour de sa statue mille tireurs à l'arc
avec mission de défendre la statue de tout survol d'oiseau et de toute
approche humaine. Cette mesure ne préserva pas le visage impérial que
l'aube dévoila profané.

La troupe fut noyée dans les fosses scatologiques de la capitale.

15 Qui maintenant, de son sang, serait tenu de purifier le front de
l'Empereur? Le peuple était parqué, outres multiples où l'Empereur
puiserait le sang si l'oiseau revenait humilier sa statue.

L'Empereur accusait le peuple d'être de connivence avec l'oiseau
invisible. C'était faux: l'Empereur pouvait donc se tromper. Il n'arri-
20 vait pas à protéger sa statue de l'oiseau: il n'était donc pas
invulnérable. Des sophistes à barbe énonçaient ces principes sur les
places publiques. Pourquoi l'Empereur les emprisonnait-il?

Tout à coup le peuple, en une soudaine explosion, courut vers la
statue, la renversa, la brisa. L'Empereur fut lapidé de ses débris.

25 Ensuite le peuple éleva un monument en l'honneur de l'oiseau. L'on
importa le marbre le plus rare des colonies les plus lointaines. L'on
incrusta au monument les métaux précieux des trésors de
l'Empereur. L'on entreprit des guerres pour s'en approprier de
nouveaux. L'on mura vivantes, à l'intérieur du corps de l'oiseau,
30 quatre-vingt-dix-neuf vierges en hommage à sa puissance. Chaque
citoyen fut tenu de brûler à ses pieds le dixième de tout ce qu'il
possédait. De gigantesques flammes nourries de boeufs, de moutons,
d'ébène, de bijoux, de riches tissus, d'enfants dansaient une ronde
frénétique autour de l'oiseau divin.

35 Hélas! l'oiseau invisible revint jeter sa fiente sur sa propre image.

Les sages y lurent le signe d'une inévitable catastrophe. Ils ne se
trompèrent point car on chercherait inutilement aujourd'hui ce pays sur
la surface de la terre.

(Extrait de *Jolis deuils*,
© John C. Goodwin et associés.)

Exploitation

Compréhension de texte

A. *Lecture de survol*

1. a. Repérez les mots relatifs à la musique et définissez-les.
    b. Quelle est l'étymologie du mot *baldaquin*? (192,1)
    c. Combien y a-t-il de «jeunes hommes à voix féminines scan[dant] un thrène»? (191,9) Expliquez l'accord du mot.

2. Jumelez les mots suivants avec leur définition:
    a. *maculer* (191,13)   ( )   apparaître
    b. *s'avérer* (192,6)   ( )   tuer à coups de pierre
    c. *profaner* (192,7)   ( )   souiller, salir
    d. *lapider* (192,24)   ( )   traiter sans respect

3. Quelle est la signification du syntagme *fosses scatologiques*? (192,14)
    a. Des fosses sacrées;
    b. des fosses où l'on enterre les morts;
    c. des fosses où l'on jette les excréments.

B. *Lecture annotée*

4. a. Comment l'auteur caractérise-t-il psychologiquement les empereurs dans les deux premières phrases?
    b. Comment se manifeste la cruauté de l'Empereur? Relevez tous les extraits qui le prouvent.
    c. Quel trait de la personnalité de l'Empereur révèle la citation suivante: «L'Empereur ordonna que fussent brûlés tous ceux que l'on pouvait soupçonner de lui avoir, dans le passé, manqué de respect soit par leurs paroles, soit par leur silence.» (191,15)

5. Outre l'Empereur, comment l'auteur désigne-t-il socialement les personnages? Quelle observation pouvez-vous en tirer?

6. Quel but poursuit l'Empereur? Qu'est-ce qui vient contrarier ses projets?

7. a. À quel étalon se réfère l'Empereur pour faire ériger sa statue?
   b. À l'aide des indications de lieu, décrivez le cadre de l'action.
   c. Que savez-vous du temple de Dagon (Dagan)? (192,5)

8. L'écrivain situe les événements dans le temps à l'aide de divers procédés.
   a. Relevez les principales annotations de temps.
   b. Identifiez le procédé de datation relative le plus fréquent.
   c. Quels indices permettent de situer l'époque de l'action?

9. Annotez le texte en retenant les passages qui correspondent au thème.

C. Lecture de synthèse

10. Dégagez, dans le titre, la signification du mot *destin*. Pourquoi l'auteur a-t-il préféré écrire «Le destin» au lieu de «Un destin»? Établissez un lien entre le titre et le thème.

11. a. Faites ressortir la dynamique des personnages à partir du schéma actantiel.
    b. L'Empereur est-il un héros au sens habituel du terme?
    c. Expliquez l'extrait suivant: «La statue consentit à ressembler à son modèle lorsqu'elle ne fut que d'une hauteur d'homme. C'était une offense.» (191,5)

12. Classez les composantes du récit en respectant les trois parties du schéma des événements.

13. a. Les indications de temps que fournit l'auteur sont indéterminées. Qu'en est-il des notations sur l'espace? Quel objectif atteint ainsi l'auteur?
    b. À la lumière de ces informations, que révèle le titre par rapport au texte?

14. a. Le narrateur est-il intégré ou étranger au texte?
    b. Quel point de vue emprunte-t-il? S'agit-il pour lui d'une histoire présente ou passée? Expliquez à l'aide de citations.
    c. Donnez un exemple de fonction d'attestation.

15. Dans quelle catégorie de conte classez-vous «Le destin»? Justifiez votre réponse en vous référant aux caractéristiques du texte.

Étude approfondie: le thème

16. Expliquez mot à mot le sens des deux premières phrases du texte en les comparant.

17. a. Que représentent l'Empereur? les sophistes et les sages? l'oiseau avant et après la révolte du peuple?
    b. Résumez les étapes de la relation entre l'Empereur et le peuple?
    c. Établissez un parallèle entre les relations du peuple et de l'Empereur et celles du peuple et de l'oiseau (192,25 sq.), après la révolution. Prouvez à l'aide de citations.

18. Dégagez le thème et les sous-thèmes à partir des citations que vous avez retenues.

19. Résumez l'histoire en mettant en relief sa signification profonde.

20. Que signifie la dernière phrase du texte? Comparez-la à la première quant aux indications de lieu et de temps.

21. Invariablement, l'histoire se répète, le monde ne change pas. Connaissez-vous des régimes totalitaires ou des despotes?

Isaac Bashevis Singer
(1904-1991)
États-Unis

Le fataliste

Isaac Bashevis Singer

Écrivain américain d'origine polonaise, Isaac Bashevis Singer est né à Radzymin (près de Varsovie) le 14 juillet 1904. Fils de rabbin élevé dans la plus pure tradition juive, il fait des études au séminaire rabbinique de Varsovie. En 1917, réfugié chez ses grands-parents, il découvre un village où le temps semble arrêté depuis plusieurs siècles. En 1935, craignant une invasion nazie, il fuit à New York où vit son frère, Israël Joshua Singer, écrivain déjà connu. Il occupe un poste de journaliste au Jewish Daily Forward *et délaisse alors la fiction à laquelle il revient après la mort de son frère en 1944. Reçu citoyen américain en 1943, il obtient le prix Nobel de littérature en 1978. Il meurt le 24 juillet 1991.*

Écrivain plutôt modeste en Pologne, son premier roman, La corne du bélier, *y paraît en 1935. Mais c'est surtout après 1944 qu'il publie abondamment, toujours en yiddish, dans le* Forward, *une foule de récits, de nouvelles et de romans (en feuilletons). Il demeure relativement inconnu hors du milieu yiddish jusqu'à la parution en anglais de sa nouvelle «Gimpel the Fool» (1953). Traduit ensuite en plusieurs langues, il atteint une renommée internationale. La double vision du monde à la fois médiévale et moderne qui marque son oeuvre trouve sa source dans le vieux ghetto juif de sa jeunesse. Écrivain dans la lignée de Dickens et de Mark Twain, il se donne, avant tout, comme mission de divertir le public.*

La nouvelle «Le fataliste» recrée l'atmosphère d'une petite ville polonaise de l'entre-deux-guerres. Comme l'auteur, le héros incarne un exilé qui exprime dans son attitude le caractère provisoire de l'existence.

Bibliographie sélective

• *La couronne de plumes* (1976), nouvelles
• *Une histoire de paradis et autres contes* (1978), contes
• *L'histoire du Golem* (1984), essai
• *Yentl et autres nouvelles* (1984), nouvelles

1   Les surnoms qu'on donne aux gens dans les petites villes sont du
genre familier et sans prétention: Haiml «le nombril», Yekel «le
gâteau», Sarah «la commère», Gittel «le canard», et autres. Mais dans
la petite ville polonaise où j'étais venu, jeune homme, comme profes-
5   seur, j'avais entendu parler de quelqu'un appelé Benjamin «le
fataliste». Cela avait aussitôt attisé ma curiosité. Comment en était-on
venu à utiliser le terme de «fataliste» dans une si petite ville? Et
qu'avait donc fait cet homme pour mériter un tel surnom? Ce fut le
secrétaire du Mouvement des Jeunes Sionistes, où j'enseignais l'hé-
10   breu, qui me raconta toute l'histoire.
     L'homme en question n'était pas un enfant du pays. Il venait de
quelque part en Courlande. Il était arrivé dans cette ville en 1916, et
avait mis des affiches partout disant qu'il était professeur
d'allemand. C'était pendant l'occupation autrichienne, et tout le monde
15   voulait apprendre l'allemand. On parle allemand en Courlande, et
Benjamin Schwartz — c'était son vrai nom — avait beaucoup d'élèves
des deux sexes. Le secrétaire s'arrêta un instant de parler et, désignant
du doigt la fenêtre, il s'écria: «Tenez, le voilà!»
     Je regardai par la fenêtre et vis un petit homme brun, avec un

chapeau melon sur la tête, et une moustache en crocs — d'un style 1
depuis longtemps passé de mode. Il tenait une serviette à la main. «Après
le départ des Autrichiens, continua le secrétaire, plus personne n'avait
voulu apprendre l'allemand, et les Polonais avaient donné à Benjamin
Schwartz un emploi aux archives. Les gens allaient le voir, lorsqu'ils 5
avaient besoin par exemple d'un extrait de naissance. Il avait une
écriture tarabiscotée. Il avait appris le polonais et était aussi devenu une
espèce d'avocat marron.

«Il nous est en quelque sorte tombé du ciel, dit le secrétaire. À
l'époque, il avait une vingtaine d'années et était célibataire. Les jeunes 10
avaient un club où ils se réunissaient, et lorsque quelqu'un d'instruit
arrivait dans notre ville, cela donnait lieu à une véritable fête. Il fut
invité à notre club, et nous organisâmes une soirée spéciale «questions-
réponses» en son honneur. On avait mis des petits papiers avec des
questions dans une boîte, et il était censé les tirer un à un et répondre aux 15
questions. Une fille lui demanda s'il croyait en la Providence, et au lieu
de répondre en quelques mots, il parla pendant une heure entière. Il
déclara qu'il ne croyait pas en Dieu, mais que tout était fixé d'avance,
même les moindres bagatelles. Lorsqu'on mangeait un oignon au
dîner, c'était parce qu'on *devait* manger un oignon. C'était arrêté de- 20
puis un milliard d'années. Lorsqu'on trébuchait sur un caillou en
marchant, c'était qu'il était écrit qu'on tomberait. Il se présenta comme
un fataliste. Il était écrit qu'il viendrait dans notre ville, bien que cela
ait pu paraître un événement fortuit.

«Il parla trop longtemps; néanmoins, une discussion s'ensuivit. «Et 25
«le hasard, ça existe?» demanda quelqu'un, et il répondit: «Le hasard,
«ça n'existe pas.» «Vraiment?» demanda quelqu'un d'autre. «À quoi
«bon alors travailler, étudier? Pourquoi apprendre un métier, élever
«des enfants? Et pourquoi adhérer au sionisme et militer en faveur de
«la création d'une patrie pour les Juifs?» 30

«Comme c'est écrit dans le livre du destin, c'est cela qui doit être,
«répondit Benjamin Schwartz. S'il est écrit que quelqu'un ouvrira une
«boutique et fera faillite, c'est cela qu'il doit faire. Tous les efforts de
«l'homme sont prédéterminés, le libre arbitre n'est qu'une illusion». La
discussion se prolongea jusqu'à une heure avancée de la nuit, et à partir 35
de ce moment-là on l'appela «le Fataliste». Le vocabulaire des gens de
la ville s'était enrichi d'un nouveau mot. Tout le monde ici sait ce
qu'est un fataliste, même le bedeau de la synagogue et le gardien de
l'hospice.

1   «Nous supposions qu'après cette soirée les gens se lasseraient de
ces discussions et retourneraient aux véritables problèmes de notre
temps. Benjamin lui-même avait dit que ce n'était pas quelque chose
qu'on pouvait trancher par le raisonnement. On y croyait ou on n'y
5   croyait pas. Mais — je ne sais pourquoi — tous nos jeunes se préoccu-
paient de cette question. Nous organisions des réunions sur les certi-
ficats à obtenir pour se rendre en Palestine, ou sur l'éducation, mais au
lieu de s'en tenir à ces sujets, ils se mettaient à discuter du fatalisme. À
cette époque, notre bibliothèque fit l'acquisition d'un exemplaire en
10   yiddish de *Un héros de notre temps* de Lermontov, dont le personnage
principal, Pechorine, est un fataliste. Tout le monde lut ce roman, et il
y en eut même parmi nous qui voulurent mettre leur chance à
l'épreuve. Nous savions déjà ce qu'était la roulette russe, et quelques-
uns y auraient peut-être joué, s'ils avaient eu un revolver à leur
15   disposition. Mais aucun d'entre nous n'en possédait.

       «Maintenant, écoutez bien ceci. Il y avait une fille parmi nous,
Heyele Minz, une jolie fille, intelligente et très active dans notre
mouvement. Son père, un homme très riche, était propriétaire du plus
grand bazar de la ville. Tous les jeunes gens étaient fous de Heyele. Mais
20   elle était difficile. Elle trouvait toujours des défauts chez tout le
monde. Elle avait la langue acérée, ce que les Allemands appellent
schlagfertig. Quand on lui disait quelque chose, elle répliquait aussitôt
par une remarque cinglante et caustique. Quand elle le voulait, elle
pouvait ridiculiser les gens d'une manière habile et un peu moqueuse. Le
25   Fataliste tomba amoureux d'elle peu après son arrivée. Il n'était pas
timide du tout. Un soir, il s'approcha d'elle et lui dit: «Heyele, il est
«écrit que vous devez m'épouser, alors pourquoi retarder l'inévitable?»

       «Il avait dit cela à haute voix, afin que tout le monde l'entende, et
ce fut un beau tumulte. Heyele répondit: «Il est écrit que je dois vous
30   «dire que vous êtes un idiot, et que vous avez en plus un beau culot, et
«puisqu'il en est ainsi, je vous le dis. Vous devez m'excuser, c'était
«inscrit dans les registres célestes depuis un milliard d'années.»

       «Peu après, Heyele se fiança avec le président du Poale Zion de
Hrubieszow. Le mariage fut retardé parce que le jeune homme avait une
35   soeur aînée qui était elle-même fiancée et devait se marier avant
lui. Les garçons avaient fait des reproches au Fataliste, mais il leur avait
dit: «Si Heyele doit être à moi, elle le sera», et Heyele avait répondu: «Je
«serai à Ozer Rubinstein, pas à vous. C'est ce que veut le sort.»

       «Un soir d'hiver, la discussion s'enflamma de nouveau au sujet du

destin, et Heyele déclara: «Monsieur Schwartz, ou plutôt monsieur le 1
«Fataliste, si vous pensez vraiment ce que vous dites, et si vous êtes
«encore prêt à jouer à la roulette russe si vous aviez un revolver, je vous
«propose un jeu encore plus dangereux.»

«Je voudrais préciser ici qu'à cette époque-là la voie ferrée ne 5
traversait pas notre ville. Elle passait à trois kilomètres de là, et les
trains ne s'arrêtaient jamais. Le seul train qui passait, c'était le Varsovie-
Lvov. Heyele proposa au Fataliste de se coucher sur les rails quelques
instants avant le passage du train.

«S'il est écrit que vous devez vivre, vous vivrez et vous n'avez rien 10
«à craindre. Mais si vous ne croyez pas à la fatalité, alors...»

«Nous éclatâmes tous de rire. Tout le monde était persuadé que le
Fataliste allait trouver un prétexte quelconque pour se dérober. Se
coucher sur la voie ferrée, c'était s'exposer à une mort certaine. Mais
le fataliste répondit: «C'est comme la roulette russe, un jeu, et un jeu 15
«exige qu'il y ait un deuxième participant qui risque également quelque
«chose. Moi, je vais me coucher sur les rails de chemin de fer, comme
«vous le proposez, mais vous, vous devez faire le serment solennel que
«si je vis, vous romprez vos fiançailles avec Ozer Rubinstein et vous
«m'épouserez.» 20

«Un silence de mort tomba sur l'assemblée. Heyele devint toute
pâle et dit: «Très bien, j'accepte vos conditions.» «Donnez-moi votre
«parole d'honneur», dit le Fataliste, et Heyele lui tendit la main en
disant: «Je n'ai pas de mère, elle est morte du choléra, mais je jure sur
«mon âme que si vous tenez votre promesse, je tiendrai la mienne. Sinon, 25
«que mon honneur soit entaché à jamais.» Elle se tourna vers nous et
dit encore: «Vous êtes tous témoins. Si je venais à manquer à ma parole,
«vous pourriez tous me cracher au visage.»

«Bref, tout fut arrangé ce soir-là. Le lendemain, le train passerait
près de notre ville aux environs de deux heures de l'après-midi. À une 30
heure et demie, nous nous retrouverions tout près de la voie ferrée et le
Fataliste nous montrerait s'il était vraiment fataliste ou s'il n'était qu'un
fanfaron. Nous fîmes tous le serment de garder la chose secrète, parce
que si on l'apprenait en ville, cela ferait un tas d'histoires.

«Cette nuit-là, je ne pus fermer l'oeil, et autant que je sache, les 35
autres non plus. La plupart d'entre nous étaient persuadés que le
Fataliste réfléchirait et qu'au dernier moment il reviendrait sur sa
décision. Certains avaient proposé de le tirer de force en arrière dès que
le train apparaîtrait ou que les rails commenceraient à vibrer. Oui, mais

1   tout cela était affreusement dangereux. Même maintenant, rien que
d'en parler, j'en ai le frisson.

«Le lendemain, nous nous levâmes tous de bonne heure. Je fus
incapable d'avaler quoi que ce soit au petit déjeuner, tellement j'avais
5   peur. Tout cela ne serait peut-être pas arrivé si nous n'avions pas lu le
livre de Lermontov. Tous ne vinrent pas. Nous n'étions que six
garçons et quatre filles, dont Heyele Minz. Il faisait un froid glacial. Le
Fataliste, je m'en souviens, portait une veste légère et une casquette. Nous
nous retrouvâmes sur la route de Zamosc, un peu en dehors de la
10   ville. «Schwartz, comment as-tu dormi cette nuit?» demandai-je au
Fataliste, et il me répondit: «Comme toutes les autres nuits.» On ne
pouvait vraiment pas savoir ce qu'il ressentait, mais Heyele, elle, était
aussi pâle que si elle venait d'avoir la typhoïde. Je m'approchai d'elle
et lui dis: «Heyele, est-ce que tu sais que tu es en train d'envoyer un
15   «homme à la mort?» «Je ne suis pas en train de faire quoi que ce soit. Il
«a amplement le temps de changer d'avis», me répondit-elle.

«Aussi longtemps que je vivrai, jamais je n'oublierai cette journée. Aucun d'entre nous ne l'oubliera jamais. Nous fîmes le chemin
tous ensemble sous la neige. Nous arrivâmes près de la voie ferrée. Je
20   pensais qu'à cause de la neige, le train ne passerait peut-être pas, mais
apparemment on avait déblayé les rails. Nous étions en avance d'une
bonne heure, et croyez-moi, ce fut l'heure la plus longue de toute ma
vie. Environ un quart d'heure avant le passage prévu du train, Heyele
dit: «Schwartz, j'ai beaucoup réfléchi, je ne veux pas que vous perdiez
25   «la vie à cause de moi. Faites-moi plaisir, oublions toute cette
«histoire». Le Fataliste la regarda et répondit: «Ainsi, vous avez
«changé d'avis. Vous voulez ce type de Hrubieszow à n'importe quel
«prix, hein?» «Non, il ne s'agit pas de lui, répondit-elle, mais de votre
«vie. J'ai appris que vous aviez encore votre mère, et je ne veux pas
30   «qu'elle perde un fils à cause de moi». Heyele pouvait à peine prononcer ces mots. Elle tremblait comme une feuille. «Si vous tenez votre
«promesse, dit le Fataliste, je suis prêt à tenir la mienne, mais à une
«condition, c'est que vous reculiez un peu plus loin. Si vous me forcez
«à reculer au dernier moment, le jeu est terminé.» Puis il s'écria: «Que
35   «tout le monde recule à vingt pas.» On avait l'impression qu'il nous
hypnotisait par la parole: nous commençâmes à reculer. «Si quelqu'un
«essaye de me tirer en arrière, cria-t-il encore, je l'empoigne par son
«manteau et il partagera mon sort.» Nous comprîmes combien cela
pouvait être dangereux. Il arrive souvent que des gens qui essayent de

sauver quelqu'un de la noyade soient entraînés au fond et se noient eux 1
aussi.

«Tandis que nous reculions, les rails commencèrent à vibrer et à
bourdonner, et nous entendîmes le sifflet de la locomotive. Nous nous
mîmes à hurler: «Schwartz, ne fais pas ça! Schwartz, par pitié!» Mais 5
tandis que nous criions, il se couchait de tout son long en travers des
rails. Il n'y avait alors qu'une seule voie de chemin de fer à cet
endroit. Une des filles s'évanouit. Nous étions tous persuadés que
nous allions, quelques secondes plus tard, voir quelqu'un se faire couper
en deux. Je ne peux pas vous dire ce que j'ai enduré pendant ces 10
quelques secondes. L'émotion faisait littéralement bouillir mon sang
dans mes veines. À ce moment précis, nous entendîmes un terrible
grincement accompagné d'un bruit sourd, et le train s'arrêta à un mètre
à peine du Fataliste. Dans une sorte de brouillard, je vis le mécanicien
et le chauffeur sauter au bas de la locomotive. Ils se mirent à invectiver 15
le Fataliste et ils l'entraînèrent de force hors des rails. De nombreux
voyageurs descendirent du train. Certains d'entre nous s'enfuirent de
peur d'être arrêtés. Ce fut un beau remue-ménage. Moi, je restai où je
me trouvais, et j'observai toute la scène. Heyele courut vers moi, me
serra dans ses bras et se mit à pleurer. C'était plus que des pleurs, c'était 20
comme des hurlements de bête.

«Donnez-moi une cigarette. Je ne peux plus parler. J'ai une boule
dans la gorge. Excusez-moi.»

Je tendis une cigarette au secrétaire, et je vis qu'elle tremblait dans
ses doigts. Il aspira la fumée et dit: 25

«Voilà toute l'histoire.

— Elle l'a épousé? demandai-je.

— Ils ont quatre enfants.

— Je pense que le mécanicien avait tout simplement réussi à
stopper le train à temps, fis-je remarquer. 30

— Oui, mais les roues n'étaient plus qu'à un mètre de lui.

— Cela vous a convaincu, au sujet du fatalisme?

— Non, je ne ferais pas ce genre de pari pour tout l'or du monde.

— Il est toujours fataliste?

— Oui. 35

— Et il recommencerait?»

Le secrétaire eut un léger sourire: «Pas pour Heyele.»

(Extrait de *Passions*,
Paris, © Éditions Stock, 1987, 279 p.
Traduction de Marie-Pierre Bay et Jacqueline Chnéour.)

Exploitation

Compréhension de texte

A. *Lecture de survol*

1. Situez géographiquement la Pologne et la Courlande.

2. Comparez l'hébreu et le yiddish. Définissez le sionisme.

3. a. Le fataliste croit-il au libre-arbitre? Précisez le sens de *fortuit* (199,24) et de *prédéterminé* (199,34).
   b. Qui est Lermontov? (200,10)

4. a. À quoi s'adonne un *avocat marron*? (199,8)
   b. Distinguez le mot *censé* (199,15) de son homonyme.

5. Les répliques *cinglantes* (200,23) et *caustiques* (200,23) de Heyele Minz font dire à l'auteur qu'elle possède une langue *acérée* (200,21). Expliquez chacun de ces qualificatifs.

B. *Lecture annotée*

6. Pour quels personnages l'auteur donne-t-il une description physique? Justifiez à l'aide d'extraits.

7. Citez les passages qui vous permettent de caractériser socialement les personnages suivants: le narrateur qui apparaît en premier dans le texte; le deuxième narrateur; Benjamin Schwartz; Heyele Minz.

8. a. Relevez un extrait qui caractérise l'attitude fondamentale de Benjamin Schwartz devant la vie.
   b. Quels sont les autres traits de caractère du héros? Illustrez votre réponse.
   c. Recensez les passages qui révèlent la psychologie et les émotions de Heyele.

9. a. Quelles relations Benjamin Schwartz entretient-il avec Heyele? avec le groupe? Donnez des exemples.
   b. Notez, de plus, les relations de Heyele avec le groupe.

10. Quel but poursuit le Fataliste? Comment est-il exprimé dans le texte? Quelles étapes Benjamin devra-t-il franchir pour l'atteindre?

11. a. En vous basant sur leur ordre d'apparition dans le texte, repérez les interventions du premier narrateur et ce qu'elles livrent comme informations.
    b. Sur quoi nous renseigne le deuxième narrateur?

12. Inventoriez les extraits qui manifestent les quatre fonctions du narrateur: attestation, régulation, communication, idéologique. Expliquez en soulignant les indices de chacune et en vous référant à la théorie.

13. Illustrez à l'aide de citations pertinentes les techniques de datation; le retour en arrière le plus important; les anticipations.

14. Quels passages situent le cadre de l'action?

15. Relevez les annotations qui portent sur le fatalisme.

C. *Lecture de synthèse*

16. a. À quelles composantes du récit reliez-vous le titre?
    b. Imaginez un autre titre. Justifiez-le et précisez sur quelle composante vous mettez l'accent.

17. a. Nommez les personnages principaux et secondaires.
    b. Tracez brièvement le portrait de chacun des personnages principaux.
    c. Déterminez les rôles des personnages dans le schéma actantiel.
    d. Comment appliquez-vous la notion de héros au personnage de Benjamin Schwartz?

18. Donnez les étapes du processus de transformation des événements.

19. a. Distinguez le narrateur principal du narrateur secondaire. Est-il intégré à l'action?
    b. Quelle fonction particulière remplit le narrateur secondaire? Joue-t-il un rôle dans l'action?

20. a. Déterminez le point de vue du narrateur principal. Justifiez votre réponse.
    b. Quel degré d'information possède le narrateur principal par rapport au personnage héros?
    c. Comparez le point de vue du narrateur secondaire avec celui du narrateur principal.

21. a. À quoi correspond le temps de fiction?
    b. Calculez la durée du temps de narration.

22. Distinguez le lieu principal du lieu secondaire. Le traitement de l'espace revêt-il une signification particulière?

23. Quel rapport pouvez-vous établir entre le thème et le personnage principal?

24. Indiquez la nature du texte et ses principales caractéristiques.

Étude approfondie: le thème

25. Groupez les citations que vous avez prélevées du texte de manière à identifier les différents aspects du fatalisme. Dressez ensuite le plan du thème et des sous-thèmes. (L'usage des fiches s'avère ici fort utile.)

26. Le thème s'actualise-t-il à l'aide d'une technique dominante? Comment s'inscrit-il dans la dynamique des personnages? Le point de vue de narration influence-t-il son développement?

27. a. L'auteur esquisse-t-il un ou des thèmes mineurs dans ce récit?
    b. Dressez le plan de la configuration thématique.

RECHERCHE ET CRÉATION

Roch Carrier, «Le destin»

1. Lord Acton écrivait: «Le pouvoir a tendance à corrompre, et le pouvoir absolu corrompt de façon absolue.» Commentez cette maxime à la lumière du conte de Roch Carrier.

2. Quelle vision du monde se dégage du recueil *Jolis deuils* de Roch Carrier? Montrez que chacun des textes en présente une facette.

3. Imaginez, à partir du moment où l'Empereur est lapidé, une autre fin qui brise le cycle du despotisme.

Roch Carrier, «Le destin» et Isaac Bashevis Singer, «Le fataliste»

4. «Le destin» de Roch Carrier et «Le fataliste» d'Isaac Bashevis Singer présentent-ils une certaine parenté? Les titres pourraient-ils s'intervertir? Discutez.

Isaac Bashevis Singer, «Le fataliste»

5. Racontez un épisode heureux ou malheureux de votre vie où vous avez agi suivant une attitude fataliste.

6. La dernière phrase nous fait comprendre que le mariage de Benjamin Schwartz s'est soldé par un échec. Imaginez les circonstances de sa déception amoureuse.

CHAPITRE 8

Synthèse

Un bref retour sur la méthode de compréhension de texte s'impose. Désormais, vous devez être en mesure d'appliquer adéquatement les trois étapes de cette approche méthodologique de façon à tirer profit de votre lecture. D'abord, une fois franchi le premier stade de la *lecture de survol*, le texte ne doit plus contenir pour vous de mots ou d'expressions dont le sens reste obscur. Quant à la deuxième étape, la *lecture annotée*, elle doit nécessairement vous conduire à une appropriation complète et détaillée du contenu du texte. Essentielle, elle vous rend habile à réaliser, dans un troisième temps, une *synthèse* globale et articulée.

Cette méthode se veut un outil d'investigation des principales facettes du discours narratif: personnage, intrigue, narrateur, temps, espace et thème. C'est pourquoi, comme l'illustre le dernier texte du présent ouvrage, l'annotation se veut plus complète.[1] Aussi, l'examen exhaustif de chacune des composantes permet-elle, dans une étape finale, de les relier entre elles. Il devient donc possible, en dernier ressort, de dégager une vue d'ensemble du texte littéraire analysé.

---

1. Rappel: l'utilisation des figures géométriques qui forment le code d'annotation a déjà été expliquée dans l'*Introduction* à propos du texte de Gilles Vigneault, «Le 410». Voir à la page 27.

Romain Gary
(1914-1980)
France

Un humaniste

Romain Gary

Romain Gary est né à Moscou le 8 mai 1914. Il émigre en France, avec sa mère, à l'âge de 14 ans. Héros de la France libre, commandeur de la Légion d'honneur, il poursuit une carrière diplomatique, de 1945 à 1961. Avec Jean Seberg, sa femme depuis 1963, il réalise deux films, Les oiseaux vont mourir au Pérou (1968) et Kill (1972). Son divorce en 1970 ouvre une période difficile. L'homme se cherche désespérément dans les voyages, dans les aventures amoureuses et surtout dans la littérature. Estimant s'être «enfin exprimé entièrement», il se suicide le 2 décembre 1980.

Son oeuvre se compose essentiellement de romans, une trentaine de titres. Humaniste, depuis Éducation européenne (Prix des Critiques, 1945) jusqu'aux Cerfs-volants (1980), il condamne toutes les formes de fascisme et prône les valeurs de justice et de fraternité. Il manifeste une véritable tendresse pour les parias de la société, souvent les héros de ses romans. Enfin, il faut évoquer la célèbre «affaire» Émile Ajar. En effet, Gary a réussi à mystifier le monde littéraire en publiant quatre romans sous ce faux nom. C'est son neveu, Paul Pavlowitch, qui joua officiellement le rôle d'Émile Ajar de 1974 à 1980. Grâce à cette supercherie, il est ainsi le seul auteur à avoir obtenu deux fois le prix Goncourt: en 1956, pour Les racines du ciel et en 1975, pour La vie devant soi, signé Ajar.

Un seul recueil de nouvelles pourtant dans cette production considérable, Gloire à nos illustres pionniers (1962), repris et augmenté sous le titre Les oiseaux vont mourir au Pérou, en 1968. Le texte qui suit en est tiré et témoigne du profond humanisme de l'auteur comme de sa capacité à peindre les travers de la nature humaine avec rigueur et lucidité.

Bibliographie sélective

- *Les racines du ciel* (1956), roman
- *La promesse de l'aube* (1960), roman
- *Les oiseaux vont mourir au Pérou* (1968), nouvelles
- *La vie devant soi* (1975), roman signé Émile Ajar
- *L'angoisse du roi Salomon* (1979), roman signé Émile Ajar

Au moment de l'arrivée au pouvoir
en Allemagne du Führer Adolf Hitler, il
y avait à Munich un certain Karl Loewy,
fabricant de jouets de son métier, un
homme jovial, optimiste, [qui croyait à
la nature humaine, aux bons cigares, à la
démocratie, et, bien qu'assez peu aryen,
ne prenait pas trop au sérieux les procla-
mations antisémites du nouveau chancelier, persuadé que la raison, la mesure
et un certain sens inné de la justice, si
répandu malgré tout dans le coeur des
hommes, allaient l'emporter sur leurs
aberrations passagères.]
 *Aux avertissements que lui prodi-
guaient ses frères de race, qui l'invitaient
à les suivre dans l'émigration, Herr

T.:
retour
en arrière

T.:
anticipation

Th.: foi en la
nature humaine

T.:
datation
relative

T.:
allusion à un
événement
historique - 1939

Th.:
obstacles

1 Loewy répondait par un bon rire et, bien
carré dans son fauteuil, un cigare aux
lèvres, il évoquait les amitiés solides
qu'il avait nouées dans les tranchées
5 pendant la guerre de 1914-18, amitiés
dont certaines, aujourd'hui fort haut pla-
cées, n'allaient pas manquer de jouer en
sa faveur, le cas échéant. Il offrait à ses
visiteurs inquiets un verre de liqueur,
10 [levait le sien «à la nature humaine», à
laquelle, disait-il, il faisait entièrement
confiance, qu'elle fût revêtue d'un uniforme nazi ou prussien, coiffée d'un
chapeau tyrolien ou d'une casquette
15 d'ouvrier.] Et le fait est que les premières années du régime ne furent pour
l'ami Karl ni trop périlleuses, ni même
pénibles. Il y eut, certes, quelques
vexations, quelques brimades, mais, soit
20 que les «amitiés des tranchées» eussent
en effet joué discrètement en sa faveur,
soit que sa jovialité bien allemande, son
air de confiance eussent, pendant quelque temps, retardé les enquêtes à son
25 sujet, alors que tous ceux dont l'extrait
de naissance laissait à désirer prenaient
le chemin de l'exil, notre ami continua à
vivre paisiblement entre sa fabrique de
jouets et sa bibliothèque, ses cigares et sa
30 bonne cave, soutenu par son optimisme
inébranlable et la confiance qu'il avait
dans l'espèce humaine. [Puis vint la
guerre, et les choses se gâtèrent quelque
peu. Un beau jour, l'accès de sa fabri-
35 que lui fut brutalement interdit et, le
lendemain, des jeunes gens en uniforme

c.ψ.:
idéalisme

c.ψ.:
jovialité

Provocation

N.:

Th.:
leçons de
l'histoire

T.:
anticipation

Th.:
espérance

se jetèrent sur lui et le malmenèrent
sérieusement. M. Karl donna quelques
coups de fil à droite et à gauche, mais les
«amitiés du front» ne répondaient plus
au téléphone.] Pour la première fois, il 5
se sentit un peu inquiet. [Il entra dans sa
bibliothèque et promena un long regard
sur les livres qui couvraient les murs. * Il
les regarda longuement, gravement: ces
trésors accumulés parlaient tous en fa- 10
veur des hommes, ils les défendaient,
plaidaient en leur faveur et suppliaient
M. Karl de ne pas perdre courage, de ne
pas désespérer. <u>Platon</u>, <u>Montaigne</u>,
<u>Érasme</u>, <u>Descartes</u>, <u>Heine</u>... Il fallait 15
faire confiance à ces <u>illustres</u> pionniers;]
il fallait patienter, laisser à l'humain le
temps de se manifester, de s'orienter
dans le désordre et le malentendu, et de
reprendre le dessus. [Les Français avaient 20
même trouvé une bonne expression pour
cela; il disaient: «Chassez le naturel, il
revient au galop.» Et la générosité, la
justice, la raison (allaient triompher) cette
fois encore, mais il était évident que cela 25
risquait de prendre quelque temps. Il ne
fallait ni perdre confiance ni se décourager;] cependant, il était tout de même
bon de prendre quelques précautions.

   M. Karl s'assit dans un fauteuil et se 30
mit à réfléchir.

   C'était un homme rond, au teint
rose, aux lunettes <u>malicieuses</u>, aux lèvres fines dont les contours paraissaient
avoir gardé la trace de tous les bons mots 35
qu'elles avaient lancés.

c.ψ.:
inquiétude

c.ψ.:
optimisme

c.ψ.:
prudence

c.p.:
apparence
générale

1   Il contempla longuement ses livres,
ses boîtes de cigares, ses bonnes bou-
teilles, ses objets familiers, comme pour
leur demander conseil, et peu à peu son
5 oeil s'anima, un bon sourire <u>astucieux</u> se
répandit sur sa figure, et il leva son verre
de <u>fine</u> vers les milliers de volumes de la
bibliothèque, comme pour les assurer de
sa fidélité.

10   M. Karl avait à son service un couple
de braves Munichois qui s'occupaient de
lui depuis quinze ans. La femme servait
d'<u>économe</u> et de cuisinière, préparait ses
plats favoris; l'homme était chauffeur,
15 jardinier et gardien de la maison. Herr
Schutz avait une seule passion: la
lecture. Souvent, après le travail, alors
que sa femme tricotait, il restait pendant
des heures penché sur un livre que Herr
20 Karl lui avait prêté. Ses auteurs favoris
étaient <u>Goethe, Schiller</u>, Heine, Érasme;
il lisait à haute voix à sa femme les
passages les plus nobles et inspirés, dans
la petite maison qu'ils occupaient au
25 bout du jardin. Souvent, lorsque M. Karl
se sentait un peu seul, il faisait venir
l'ami Schutz dans sa bibliothèque, et là,
un cigare aux lèvres, ils s'entretenaient
longuement de l'immortalité de l'âme,
30 de l'existence de Dieu, de l'<u>humanisme</u>,
de la liberté et de toutes ces belles choses
que l'on trouvait dans les livres qui les
entouraient et sur lesquels ils promenaient
leurs regards reconnaissants.]
35   Ce fut donc vers l'ami Schutz et sa
femme que Herr Karl se tourna en cette

Marginal notes:
c.ψ.: astuce
T.: 15 ans
c.s.: économe
c.s.: chauffeur
c.ψ.: passion
T.: rappel temporel
E.: maison
T.: rappel temporel
E.: bibliothèque
c.r.: communication harmonie: K.L./Schutz
Th.: leçons de l'histoire
Action 1

T.: rappel
temporel:
lendemain

E.:
bibliothèque

E.:
cachette

E.:
rue, espace
ouvert
↑
opposition
↓
cachette:
espace clos

T.: rappel
temporel

c. r.:
confiance:
K.L./les Schutz

c.ψ.:
prévoyance

c.r.:
complicité:
K.L./Schutz

Action 2

heure de péril. Il prit une boîte de cigares et une bouteille de <u>schnaps</u>, se rendit dans la petite maison au bout du jardin et exposa son projet à ses amis.

Dès le lendemain, Herr et Frau Schutz se mirent au travail.

Le tapis de la bibliothèque fut roulé, le plancher percé et une échelle installée pour descendre dans la cave. L'ancienne entrée de la cave fut murée. Une bonne partie de la bibliothèque y fut transportée, suivie par les boîtes de cigares; le vin et les liqueurs s'y trouvaient déjà. Frau Schutz aménagea la cachette avec tout le confort possible et, en quelques jours, avec ce sens bien allemand du *gemülich*, la cave devint une petite pièce agréable, bien arrangée. Le trou dans le parquet fut soigneusement dissimulé par le carreau bien ajusté et recouvert par le tapis. Puis Herr Karl sortit pour la dernière fois dans la rue, en compagnie de Herr Schutz, signa certains papiers, effectua une vente fictive pour mettre son usine et sa maison à l'abri d'une <u>confiscation</u>; Herr Schutz insista d'ailleurs pour lui remettre des contre-lettres et des documents qui allaient permettre au propriétaire <u>légitime</u> de rentrer en possession de ses biens, le moment venu. Puis les deux complices revinrent à la maison et Herr Karl, un sourire malin aux lèvres, descendit dans sa cachette pour y attendre, bien à l'abri, le retour de la bonne saison.

Deux fois par jour, à midi et à sept heures, Herr Schutz soulevait le tapis,

Left margin annotations:

Th.:
idéalisme

E.: cave:
symbole

T.:
rappel
temporel

Th.:
obstacles

E.:
monde
extérieur
↑
opposition
↓
cave
Th.: foi en
la nature
humaine

E.: maison

Main text:

1 retirait le carreau, et sa femme descen-
dait dans la cave des petits plats bien
cuisinés, accompagnés d'une bouteille
de bon vin, et, le soir, [Herr Schutz venait
5 régulièrement s'entretenir avec son em-
ployeur et ami de quelque sujet élevé,
des droits de l'homme, de la tolérance, de
l'éternité de l'âme, des bienfaits de la
lecture et de l'éducation, et la petite cave
10 paraissait tout illuminée par ces vues
généreuses et inspirées.]
   /[Au début, M. Karl se faisait également descendre des journaux, et il avait
son poste de radio à côté de lui, mais, au
15 bout de six mois, comme les nouvelles
devenaient de plus en plus découra-
geantes et que le monde semblait aller
vraiment à sa perdition,] il fit enlever la
radio, pour qu'aucun écho d'une actua-
20 lité passagère ne vînt entamer [la confiance inébranlable qu'il entendait conserver dans la nature humaine, et, les
bras croisés sur la poitrine, un sourire
aux lèvres, il demeura ferme dans ses
25 convictions, au fond de sa cave, refusant
tout contact avec une réalité accidentelle
et sans lendemain. Il finit même par
refuser de lire les journaux, par trop
déprimants, et se contenta de relire les
30 chefs-d'oeuvre de sa bibliothèque, puisant au contact de ces démentis que le
permanent infligeait au temporaire la
force qu'il fallait pour conserver sa foi.]
   [Herr Schutz s'installa avec sa
35 femme dans la maison, qui fut mira-
culeusement épargnée par les bombar-

Right margin annotations:

c.ψ.:
routine
c.r.:
amitié:
K.L./Schutz

Action 3

c.r.:
trahison:
K.L./les Schutz

Th.:
trahison

dements. [À l'usine, il avait d'abord eu 1
quelques difficultés, mais les papiers
étaient là pour prouver qu'il était devenu
le propriétaire légitime de l'affaire, après
la fuite de Herr Karl à l'étranger.] 5

T.:
rappel
temporel

La vie à la lumière artificielle et le
manque d'air frais ont augmenté encore
l'embonpoint de Herr Karl, et ses joues,

c.p.:
embonpoint

E.:
monde
extérieur
↑
opposition
↓
cave

avec le passage des années, ont perdu
depuis longtemps leur teint rose, mais 10
son optimisme et sa confiance dans l'humanité sont demeurés intacts. [Il tient
bon dans sa cave, en attendant que la
générosité et la justice triomphent sur la
terre, et, bien que les nouvelles que l'ami 15
Schutz lui apporte du monde extérieur
soient fort mauvaises, il refuse de désespérer.]

c.ψ.:
persévérance
optimisme

Th.:
espérance

T.: datation
relative
allusion à un
événement
historique
±1948
E.:
N.

Quelques années après la chute du
régime hitlérien, un ami de Herr Karl, 20
revenu d'émigration, vint frapper à la
porte de l'hôtel particulier de la
Schillerstrasse.

Sanction 1

Th.: trahison

T.: datation
relative

*Un homme grand et grisonnant, un
peu voûté, d'aspect studieux, vint lui 25
ouvrir. Il tenait encore un ouvrage de
Goethe à la main. [Non, Herr Loewy
n'habitait plus ici. Non, on ne savait pas
ce qu'il était devenu. Il n'avait laissé
aucune trace, et toutes les enquêtes faites 30
depuis la fin de la guerre n'avaient donné
aucun résultat. *Grüss gott!* La porte se
referma.] Herr Schutz rentra dans la
maison et se dirigea vers la
bibliothèque. Sa femme avait déjà pré- 35
paré le plateau. Maintenant que l'Alle-

c.p.:
aspect
général

c.r.:
trahison
vol:
K.L./Schutz

c.ψ. et c.r.:
hypocrisie

Left margin annotations:

- Th.: trahison
- Th.: naïveté
- T.: anticipation
- Th.: foi et espérance
- Th.: trahison espérance foi
- Th.: leçons de l'histoire
- T.: datation absolue

Main text:

1 magne connaissait à nouveau l'abondance, elle gâtait Herr Karl et lui cuisinait les mets les plus délicieux. Le tapis fut roulé et le carreau retiré du
5 plancher. Herr Schutz posa le volume de Goethe sur la table et descendit avec le plateau.
/Herr Karl est bien affaibli, maintenant, et il souffre d'une phlébite. De
10 plus, son cœur commence à flancher. [Il faudrait un médecin, mais il ne peut pas exposer les Schutz à ce risque; ils seraient perdus si on savait qu'ils cachent un Juif humaniste dans leur cave depuis
15 des années.)] [Il faut patienter, se garder du doute; la justice, la raison et la générosité naturelle reprendront bientôt le dessus. Il ne faut surtout pas se décourager. M. Karl, bien que très diminué,
20 conserve tout son optimisme, et sa foi humaine est entière.] Chaque jour, lorsque Herr Schutz descend dans la cave avec les mauvaises nouvelles - l'occupation de l'Angleterre par Hitler fut un
25 choc particulièrement dur - c'est Herr Karl qui l'encourage et le déride par quelque bon mot.] [Il lui montre les livres sur les murs et il lui rappelle que l'humain finit toujours par triompher et
30 que c'est ainsi que les plus grands chefs-d'oeuvre ont pu naître, dans cette confiance et dans cette foi.] Herr Schutz ressort toujours de la cave fortement rasséréné.
35 /[La fabrique de jouets marche admirablement; en 1950, Herr Schutz a

Right margin annotations:

- /Sanction 2 c.p.: maladie
- c.ψ.: générosité c.s.: juif
- c.ψ.: humanisme /Sanction 3
- c. ψ. et c.r.: mensonge hypocrisie
- /État terminal

Th.:
trahison

c.s.:
prospérité

pu l'agrandir et doubler le chiffre des 1
ventes; il s'occupe avec compétence de
l'affaire. (Chaque matin,) Frau Schutz
descend un bouquet de fleurs fraîches
qu'elle place au chevet de Herr Karl. Elle 5
lui arrange ses oreillers, l'aide à changer
de position et le nourrit à la cuiller, car il
n'a plus la force de s'alimenter lui-
même.] Il peut à peine parler, (à présent)
[mais parfois ses yeux s'emplissent de 10
larmes, son regard reconnaissant se pose
sur les visages des braves gens qui ont su
si bien soutenir la confiance qu'il avait
placée en eux et dans l'humanité en
général; *on sent qu'il mourra heureux, 15
en tenant dans chacune de ses mains la
main de ses fidèles amis, et avec la satisfaction d'avoir vu juste.]

c.ψ. et c.r.:
hypocrisie

c.ψ.:
naïveté

Th.:
naïveté

c.ψ.:
illusion

N.:
T.:
anticipation

(Extrait de *Les oiseaux vont mourir au Pérou*,
Paris, © Gallimard, 1962, coll. «Folio», n° 668, 277 p.)

Exploitation

Compréhension de texte

A. Lecture de survol

1. Jumelez chaque oeuvre avec son auteur:
   - a. Montaigne   ( )   *Le banquet*
   - b. Descartes   ( )   *Les essais*
   - c. Érasme   ( )   *Faust*
   - d. Goethe   ( )   *Discours de la méthode*
   - e. Heine   ( )   *Guillaume Tell*
   - f. Platon   ( )   *Le livre des chants*
   - g. Schiller   ( )   *Éloge de la folie*

2. a. En quoi Hitler s'oppose-t-il à tous les auteurs mentionnés dans la question précédente?
   b. Que veut dire l'expression «ses frères de race» (215,16) dans le texte?

3. a. Dans le contexte, que signifie le proverbe «Chassez le naturel, il revient au galop»? (217,22)
   b. Remplissez la fiche de vocabulaire de chacun des mots suivants: *aryen* (215,7), *antisémite* (215,9)*, chancelier* (215,9), *nazi* (216,13), *prussien* (216,13), *humanisme* (222,14).

B. Lecture annotée

4. Relevez tous les passages qui caractérisent physiquement Karl Loewy.

5. Quels extraits qualifient la dimension psychologique du protagoniste?

6. a. Situez Herr et Frau Schutz sur le plan social, à l'aide de citations pertinentes.
   b. «Deux fois par jour, à midi et à sept heures [...]» (219,35). Que nous indique cette précision sur la psychologie des Schutz?
   c. Caractérisez la relation qui existe entre Herr Loewy et le couple Schutz.

7. Repérez dans le texte les étapes de l'action.

8. a. En quelle année Hitler arrive-t-il au pouvoir?
   b. Quelle technique de datation l'auteur utilise-t-il quand il écrit: «Puis vint la guerre [...]» (216,32)? De quelle guerre s'agit-il?
   c. Donnez un exemple de datation absolue.
   d. À quelle technique de décalage temporel correspond l'expression *le cas échéant* (216,8) à la fin de la première phrase du deuxième paragraphe? Notez une anticipation qui concerne le sort de Herr Loewy.
   e. Expliquez la fonction des rappels temporels dans la phrase suivante: «La vie à la lumière artificielle [...] (221,6) sont demeurés intacts.»

9. a. Dans quel pays se passe l'action?
   b. Recensez les extraits qui décrivent les lieux de l'action.

10. Inventoriez tous les passages qui circonscrivent le thème.

C. *Lecture de synthèse*

11. a. Dégagez la signification du titre en relation avec le thème.
    b. Imaginez un autre titre en précisant l'aspect sur lequel vous insistez.

12. a. Donnez le nombre de personnages impliqués directement dans l'action. Nommez les personnages principaux et secondaires.
    b. Résumez les rôles des personnages à l'aide du schéma actantiel.
    c. Pourquoi la caractérisation physique de Karl Loewy (217,32) n'apparaît-elle pas en début de texte?
    d. Tracez le profil psychologique de Karl Loewy. Quelle est la caractéristique dominante de sa personnalité?
    e. Comment évolue au fil des années la situation sociale des Schutz et leur relation avec Herr Loewy?

13. a. Établissez le schéma complet et détaillé de la structure des événements. L'ordre narratif respecte-t-il la chronologie?
    b. Résumez l'action en une phrase.

14. a. Quel est le pronom de narration utilisé ici? Donnez un exemple.
    b. Quel point de vue le narrateur emprunte-t-il? Justifiez votre réponse.

15. a. L'action se situe dans un temps historique précis. Spécifiez l'époque et le contexte social de l'histoire.
    b. Déterminez le temps de fiction en précisant le début et la fin de l'action.
    c. Calculez le temps de narration.
    d. Expliquez pourquoi, dans tout le texte, n'apparaît qu'un seul retour en arrière.

16. a. À partir des lieux principaux et secondaires, dégagez deux oppositions significatives qui structurent l'espace. Qualifiez chacun des lieux placés ainsi en opposition.
    b. Les lieux ou certains objets prennent-ils valeur de symbole? Expliquez.

17. a. Présentez, sous forme de plan, le développement du thème de l'humanisme tel qu'il est traité dans le texte.
    b. L'auteur amorce-t-il un thème mineur? Si oui, lequel?
    c. Romain Gary a-t-il privilégié une technique particulière pour mettre ce thème en évidence?

18. Identifiez la nature du récit et donnez-en les caractéristiques.

Étude approfondie: liens entre les composantes

19. Comment les personnages actualisent-ils le thème?

20. En quoi la marche des événements (intrigue) contredit-elle l'humanisme de Karl Loewy? Pouvez-vous dire la même chose du temps historique?

21. Montrez que Romain Gary a choisi le point de vue de narration idéal pour traiter ce thème.

22. À travers les oppositions qu'il crée, le traitement de l'espace illustre le développement du thème. Montrez en quoi ils sont reliés entre eux.

RECHERCHE ET CRÉATION

1. Analysez l'ensemble des composantes de l'un des textes du chapitre consacré au thème. Dressez ensuite le plan à partir duquel vous rédigerez un texte de synthèse qui démontre votre compréhension globale. (Nous vous suggérons ici l'emploi de fiches de documentation.)

Romain Gary, «Un humaniste» et La vie devant soi

2. Comparez «Un humaniste» et *La vie devant soi*, tant au niveau des personnages que de l'espace et des thèmes développés.

Romain Gary, «Un humaniste»

3. Imaginez une conclusion heureuse à cette histoire, c'est-à-dire une conclusion qui permette à l'humanisme de triompher.

4. Si Karl Loewy — comme Anne Franck — avait tenu un journal intime durant son séjour dans la cave, imaginez ce qu'il aurait écrit dans les sept jours suivant l'occupation de la France par Hitler.

Le récit «Un humaniste»:
interaction des composantes

Dans son oeuvre, Romain Gary exploite, avec beaucoup de sensibilité et de lucidité, les thèmes reliés à la condition humaine. Ainsi, dans la nouvelle «Un humaniste», se retrouve au premier plan le thème même de l'humanisme. Lié aux autres composantes du récit, il impose le titre, caractérise le personnage, détermine le contexte sociohistorique de l'intrigue, fonde le point de vue de narration et structure l'espace. Finalement, sa polarisation est telle qu'elle commande d'en dégager les principales ramifications et que la forme même de la nouvelle en accentue l'impact.

D'entrée de jeu, le titre de la nouvelle de Romain Gary annonce le thème et l'incarne dans le personnage principal. Examinons d'abord l'énoncé du titre. Dans sa brièveté, il fait ressortir l'idée maîtresse du récit, c'est-à-dire l'humanisme. Nous reconnaissons ici les préoccupations de l'auteur qui prône avant tout les valeurs de liberté et de respect de la personne humaine. De même, en écrivant «Un humaniste» et non pas «L'humanisme», il évite l'abstraction philosophique et incarne dans un personnage l'idéal de tolérance, de justice et de fraternité universelle. Ainsi, naît Karl Loewy dans l'oeuvre de Gary. Il se présente comme le propriétaire d'une usine de jouets, petit homme grassouillet, rubicond, dont le caractère s'accorde bien à l'aspect physique, puisqu'il manifeste des qualités de générosité et de jovialité. Ce qui le caractérise surtout, c'est son idéalisme, sa foi inébranlable en la nature humaine. Cependant, ce bel humanisme se teinte de naïveté au fil de l'histoire, car ses serviteurs finissent par le berner, alors qu'il leur faisait confiance. Tout compte fait, le titre, le thème et le personnage apparaissent inextricablement liés.

Pour actualiser le thème, encore faut-il situer le personnage dans le domaine temporel, lui faire vivre des événements et choisir un point de vue de narration. De fait, la crédibilité du personnage s'établit en fonction du cadre historique. Quelle meilleure époque, en effet, pour situer l'histoire d'un «Juif humaniste» que la guerre de 1939-1945! Ainsi, les événements de l'action s'échelonnent de 1933 à 1950, de la montée du nazisme aux atrocités de la guerre, jusqu'au retour de la prospérité. Se greffe donc à cette réalité historique le destin fictif de Karl Loewy. En voici les grandes étapes. La vie paisible de cet homme (état initial) se voit bouleversée par la guerre (provocation). Les événements le poussent à se réfugier dans sa cave après avoir effectué la vente fictive de son usine à ses employés (action). Cependant, le conflit terminé, les Schutz, sans l'en avertir, continuent d'usurper son bien (sanction) et le laissent peu à peu mourir (état terminal). Comment ne pas voir la négation même de l'idéal humaniste dans ce contexte de guerre et dans la progression inexorable de l'intrigue vers la mort! Le contraste qui s'établit alors est frappant, contraste avec l'optimisme du héros, réaffirmé à plusieurs reprises, et avec sa foi en l'humanité qui persiste jusqu'à la toute fin. La narration de ces événements requiert finalement le choix d'un point de vue. La vision omnisciente s'impose ici pour rendre compte aussi bien des pensées du personnage central que de la duperie des Schutz. En effet, seule cette perspective peut révéler l'absurdité de la situation et mettre en relief la contradiction entre l'humanisme bafoué dans les faits et vainqueur dans l'esprit de Karl Loewy. Somme toute, la narration omnisciente s'accorde au temps historique et souligne la marche inéluctable des événements.

À son tour, le traitement de l'espace révèle le thème. Deux oppositions le structurent et leur signification confère aux lieux une valeur symbolique. Bien que l'histoire se situe à Munich en Allemagne, il faut retenir du cadre de l'action l'antithèse dans la description des lieux. Ainsi, entre la cave, espace clos, restreint, et le monde extérieur, ouvert et vaste, s'établit un premier rapport d'opposition. Le sens qui en découle représente bien le drame de Karl Loewy. Alors qu'à l'extérieur sévit la guerre, il trouve dans son refuge le calme et la sécurité. Ce découpage de l'espace se double d'une autre opposition significative marquante. En effet, à la réalité chaotique, violente et destructrice que fuit le personnage principal s'oppose l'espace imaginaire du monde des idées, de la liberté possible et de l'espoir en l'homme. Du reste, les grandes oeuvres rassemblées dans le refuge de Herr Loewy illustrent, elles aussi, cette dimension de l'humanisme. Bref, l'organisation de l'espace, structuré en oppositions symboliques, rend évidente la cohérence du traitement du thème.

De quelle manière enfin la configuration thématique de ce récit se module-t-elle? L'humanisme, qui en constitue le fil directeur, se révèle clairement dans l'idéalisme du personnage principal, mais également dans les obstacles auxquels il doit se mesurer. Voyons d'abord sur quoi repose l'idéal de Karl Loewy. Sans nul doute, le premier argument qui prévaut à son édification réside dans les nombreuses leçons de l'Histoire. En effet, toutes les grandes oeuvres qui tapissent les murs de sa bibliothèque ne lui apportent-elles pas des preuves irrécusables de la dignité victorieuse de l'homme? Oui, dans cette quête incessante de tolérance, de justice et de liberté, le meilleur de l'humain triomphe toujours. Et, pour Herr Karl, tous ces livres qui nourrissent et raffermissent cette croyance en témoignent de façon éclatante. Fort de cette certitude, rien ne peut désormais ébranler sa foi en la nature humaine. Ni les avertissements de ses compatriotes avant la guerre, ni les nouvelles les plus inquiétantes qui lui parviennent dans sa retraite, au plus fort du conflit, n'entament sa confiance. D'ailleurs, pour la préserver intacte, il ira jusqu'à interdire l'accès de son refuge à toute information susceptible d'altérer son espoir et sa persévérance. Cependant, malgré son optimisme inébranlable, l'idéal humaniste de Karl Loewy ne peut que rencontrer des obstacles. La durée de la guerre d'abord l'oblige, parce qu'il est Juif, à vivre à l'abri du danger pendant plusieurs années. Ce qui s'annonçait comme provisoire prend alors un caractère permanent puisqu'il meurt dans sa cave sans avoir pu jamais en ressortir. De même, la naïveté touchante avec laquelle il confie aveuglément son sort à ses amis porte encore atteinte à la foi qu'il nourrit. De nouveau, la réalité lui inflige un démenti flagrant, mais cette fois, à son insu. Les Schutz incarnent en effet cette dernière entrave à la réalisation de son idéal élevé et lui portent un coup fatal. Leur dévouement exemplaire se transforme en trahison alors que, la guerre terminée, ils lui font croire à sa prolongation. Tirant profit de sa naïveté peu commune, ils le dépouillent de tous ses biens et le conduisent finalement au seuil de la mort. Tous ces obstacles enfin auront contribué à battre en brèche l'idéal humaniste de Karl Loewy. Signalons en dernier lieu que, lié à ce thème principal, le thème mineur de l'antisémitisme se dessine à l'arrière-plan du récit, livrant ainsi l'ensemble de la configuration thématique.

Cette harmonie des diverses composantes du récit trouve encore son écho dans les caractéristiques formelles propres à la nouvelle. En effet, «Un humaniste» en respecte tous les critères. D'abord, en plus de sa brièveté, le récit présente des personnages peu nombreux que résument leurs traits psychologiques dominants. Ainsi, l'humanisme comme l'hypocrisie suffisent pour dépeindre Karl Loewy et les Schutz qui le trompent. Par ailleurs, l'auteur fait habilement coïncider une période de conflit dans l'histoire de l'humanité — la Deuxième Guerre mondiale — avec un moment de crise dans la vie du héros, renforçant ainsi son intensité. Enfin, dénouement inattendu, il meurt, ses espoirs intacts, et sans savoir qu'il a été dépossédé et trahi. Dans l'ensemble donc, la forme même de la nouvelle, exploitée avec art, favorise ici l'unité du thème.

Véritable petit chef-d'oeuvre que cette nouvelle signée Romain Gary. Tout concourt à y mettre en valeur le thème suggéré par le titre «Un humaniste». En effet, l'ensemble des éléments de la narration, personnages, intrigue, temps, narrateur et espace s'y équilibrent d'une manière exemplaire. De plus, le respect des critères de la nouvelle assure au récit une remarquable cohésion entre son propos et ses particularités formelles. Comment ne pas admirer, même dans un texte aussi bref, une telle harmonie au service d'une si grande idée!

*

Au terme de cette lecture guidée, nous pouvons évaluer le chemin parcouru. Outil d'investigation irremplaçable, la méthode proposée a permis de réaliser deux objectifs primordiaux: comprendre le récit de fiction et en approfondir les composantes. Ce voyage au coeur de la littérature nous a aussi ménagé des rencontres avec des écrivains d'ici et d'ailleurs, du passé comme du présent. Nous estimons, en fin de parcours, que le lecteur peut poursuivre seul ce périple, ayant désormais acquis une habileté de lecture certaine. Des horizons nouveaux s'ouvrent à lui qui sauront le divertir, l'étonner et le passionner, car il est maintenant capable d'une lecture plurielle et dynamique.